Wolfgang Link

Low-Carb-Frühstück

40 abwechslungsreiche Frühstücksideen
mit wenig Kohlenhydraten

Inhalt

Rezepte

Mit Low-Carb schwungvoll in den Tag starten

Brötchen, Croissants, Marmelade, Müsli und Orangensaft gehören zu den Klassikern auf deutschen Frühstückstischen; zumindest, wenn man sich Zeit für ein ausgiebigeres Frühstück nimmt. Wer morgens nach einer schnellen Tasse Kaffee ohne Frühstück aus dem Haus stürmt, hat meist ein paar belegte Brote im Gepäck oder versorgt sich beim Bäcker oder an der Tankstelle vor der Arbeit noch rasch mit Käsebrötchen, Butterbrezen oder süßem Gebäck. Vielleicht noch einen Schokoriegel für später, wenn die Leistungskurve nach unten zeigt und sich ein bohrendes Hungergefühl einstellt, weil die Kohlenhydratfalle gnadenlos zuschnappt?

Mit einem Frühstück à la Low-Carb starten Sie energiegeladen in den Tag, fühlen sich fit und leistungsfähig und bleiben lange satt, was energiereiche Zwischenmahlzeiten überflüssig macht. Aber was kommt morgens auf den Teller oder in die Frühstücksdose, wenn die »üblichen Verdächtigen« entfallen oder zumindest mengenmäßig in den Hintergrund rücken? Gerade das Frühstück ist für viele Low-Carb-Fans eine Herausforderung. Aber eine, die es anzunehmen lohnt.

Was macht ein Low-Carb-Frühstück aus?

Beim Frühstück anstelle von Brot und Co. auf Gemüse, Obst, Eier, Milch und Milchprodukte, Nüsse und eventuell – je nach geschmacklicher Vorlieben – auch auf Fleisch und Fisch zu setzen, ist ein guter Garant für mehr Leistungsfähigkeit im Alltag, für eine gute Energiebilanz und langfristig auch für mehr Gesundheit. Mit einem Low-Carb-Frühstück schaffen Sie eine optimale Grundlage für die tägliche Versorgung mit hochwertigem Eiweiß, guten Fetten, Ballaststoffen, Vitaminen, Mineralstoffen und sekundären Pflanzenstoffen. Anders als es bei einem herkömmlichen Frühstück auf Getreidebasis der Fall ist, belastet ein Low-Carb-Frühstück den Blutzucker- und Insulinspiegel kaum. Und obwohl, oder vermutlich gerade weil man sich richtig satt essen kann, schießt die Kalorienaufnahme nicht übers Ziel hinaus.

Eine bewusste Auswahl und eine sinnvolle Kombination der Lebensmittel macht es möglich. Und auch wenn diese Art zu frühstücken erheblich von Ihren bisherigen Gewohnheiten abweicht, der Genuss kommt dabei auf keinen Fall zu kurz.

»Frühstücken wie ein Kaiser« – wer das möchte, kann das mit Low-Carb mit viel Genuss und ohne Reue tun. Wer allerdings morgens wenig Hunger hat – etwa deswegen, weil er den Vortag mit einer eiweißreichen Mahlzeit abgeschlossen hat – muss sich auch nichts rein quälen. Entscheiden Sie einfach nach Bauchgefühl, ob und wie viel Sie zum Frühstück essen möchten.

Low-Carb

Low-Carb (aus dem Englischen: low = niedrig; carb = Abkürzung von carbohydrates = Kohlenhydrate) ist eine Ernährungsweise, bei der bewusst weniger Kohlenhydrate gegessen werden. Und das aus gutem Grund: Zu viele Kohlenhydrate machen nachweislich hungrig, dick und auf Dauer auch krank.

Kohlenhydrathaltige Lebensmittel lassen unseren Blutzucker ansteigen. Das ruft das Hormon Insulin auf den Plan. Es wird benötigt, damit der Zucker aus dem Blut in die Zellen gelangen kann und der Blutzuckerspiegel wieder in den Normalbereich gelangt. Je mehr Kohlenhydrate wir essen und je schneller der Blutzuckerspiegel ansteigt (etwa nach einer üppigen Nudelportion, belegten Brötchen oder Süßigkeiten), umso mehr Insulin wird benötigt, um den Blutzucker wieder auf sein normales Niveau zu senken. Fällt der Blutzuckerspiegel aufgrund großer Insulinmengen entsprechend rasch nach unten, entsteht schnell ein unangenehmes Heißhungergefühl. Der Griff zu weiteren kohlenhydrathaltigen Speisen verspricht Abhilfe. Doch damit setzt sich die Spirale aus Blutzuckeranstieg und nachfolgender Insulinausschüttung erneut in Gang. Auf diese Weise kommen schnell mehr Kalorien zusammen, als verbraucht werden – besonders dann, wenn es an Bewegung mangelt. Die überflüssige Energie wird in Form von Fett gespeichert und lässt die »Rettungsringe« wachsen. Leider wird man die mit einer kohlenhydratbetonten Ernährung auch so schnell nicht wieder los: Denn hohe Insulinspiegel fördern nicht nur die Speicherung von Fett, sondern hemmen auch seine Verbrennung.

Mit einer Reduzierung der Kohlenhydrate lässt sich dieser Kreislauf wirkungsvoll durchbrechen und es gelingt ganz einfach, sein Gewicht nachhaltig zu reduzieren und/oder zu stabilisieren. Abnehmen wirkt sich günstig auf den Stoffwechsel aus. Aber – und das zeichnet die Low-Carb-Ernährung besonders aus – auch ganz ohne Gewichtsverlust verbessern sich Blutwerte wie Cholesterin, Triglyceride, Harnsäure, Entzündungsmarker und auch der Blutdruck. Optimale Voraussetzungen, um Zivilisationskrankheiten wie Typ-2-Diabetes, Erkrankungen des Herz-Kreislauf-Systems, einer Fettleber oder Gicht wirkungsvoll zu begegnen.

Low-Carb → LOGI

Mit einer täglichen Kohlenhydratmenge von 80 bis 130 Gramm ist die wissenschaftlich fundierte LOGI-Methode eine moderate, äußerst flexible und praxistaugliche Variante der Low-Carb-Ernährung. Die Abkürzung LOGI stammt ebenfalls aus dem Englischen (»**LO**w **G**lycemic and **I**nsulinemic Diet«) und steht für eine Ernährung, die niedrige Blutzuckerspiegel und eine geringe Insulinausschüttung fördert.

Anstelle von Kohlenhydraten stehen ballaststoff- und wasserreiche Nahrungsmittel, Eiweiß und gesunde Fette im Mittelpunkt, aus denen abwechslungsreiche und schmackhafte Mahlzeiten entstehen. Sie sorgen für eine gute und lang anhaltende Sättigung, eine optimale Versorgung mit allem, was der Organismus braucht und tun dem Stoffwechsel in vielfältiger Weise gut.

7

Die LOGI-Pyramide

Dank der LOGI-Pyramide ist die Umsetzung der LOGI-Ernährung kinderleicht. Sie unterstützt Sie bei Ihrer täglichen Lebensmittelauswahl.

Die Basis der LOGI-Ernährung bilden Gemüse, Salate und Pilze sowie vorwiegend zuckerarme Früchte wie etwa Beeren. Hinzu kommen hochwertige Fette und Öle (z.B. Rapsöl, Olivenöl, Butter, Leinöl). Sie sind Lieferanten wertvoller Fettsäuren, Transporteure fettlöslicher Vitamine und vor allem auch Geschmacksträger. Fleisch, Geflügel und Fisch sowie Milch und Milchprodukte sorgen für eine gute Eiweißversorgung. Auch Nüsse und Hülsenfrüchte sind bestens mit LOGI vereinbar.

Bei Brot, Backwaren oder Reis sollte die Vollkornvariante bevorzugt werden. Aufgrund des Ballaststoffgehalts steigt der Blutzucker langsamer an und die Sättigung ist besser als bei der »leeren« Weißmehlvariante. Aber Achtung: Auch hier ist die Menge entscheidend! Pro Tag sollten es nicht mehr als ein bis zwei Scheiben Vollkornbrot oder eine kleine Portion Vollkornreis sein. Kleine Portionen: Das gilt auch für Kartoffeln oder Nudeln (al dente!).

Baguette, Toast, Weißbrot, Backwaren, Süßigkeiten oder gesüßte Getränke sind zwar nicht grundsätzlich verboten, sollten aber eher selten verzehrt werden, weil sie den Blutzucker schnell in die Höhe treiben.

Mit der Low-Carb/LOGI-Ernährung verhindern Sie starke Blutzuckeranstiege und -schwankungen und entsprechend hohe Insulinausschüttungen. Auf diese Weise unterstützen Sie Ihren Stoffwechsel optimal – für mehr Wohlbefinden, Leistungsfähigkeit und Gesundheit.

Noch mehr Informationen finden Sie im Internet auf www.logi-aktuell.de.

Ein Beitrag der systemed-Redaktion

Die Basics

Stärkearmes Gemüse und zuckerarmes Obst

Sie gehören unbedingt zu jeder Low-Carb-Mahlzeit dazu und daher logischerweise auch zum Frühstück. Vielleicht mag es zunächst für Ihren Gaumen ein wenig ungewohnt sein, schon morgens Gemüse zu essen oder Rohkost zu knabbern. Probieren sollten Sie es auf jeden Fall. Gemüse gehört zu den nährstoffreichsten Lebensmitteln und hat aufgrund eines hohen Wasser- und Ballaststoffgehalts nur wenige Kalorien im Gepäck. Dadurch werden auch energiereichere Mahlzeitenkomponenten wie Öle oder Streichfette »entschärft«. Mit reichlich Volumen füllt Gemüse zudem optimal den Magen.

Sie haben es morgens lieber ein wenig süßer? Dann sind zuckerarme Obstsorten die richtige Wahl. Mit Beeren aller Art liegen sie immer goldrichtig. Aber auch Äpfel, Orangen, Papaya oder Aprikosen strapazieren den Blutzuckerspiegel nicht übermäßig. Ein wenig Maßhalten sollten Sie dagegen bei zuckerreicheren Obstarten wie Bananen, Weintrauben, Ananas oder Trockenfrüchten.

Fruchtsäfte sollten Sie lieber meiden oder – falls Sie nicht darauf verzichten möchten – nur in sehr verdünnter Form trinken. Die darin enthaltenen Kohlenhydrate lassen den Blutzucker sehr rasch ansteigen, da keine »Bremser« wie Ballaststoffe mit an Bord sind. Häufig kommen auch deutlich größere Kohlenhydratmengen zusammen als beim Verzehr vom Obstoriginal. Besonders günstig: eine Kombination von Früchten mit Milch oder Milchprodukten. Das mildert den Blutzuckerverlauf und sättigt besser als eine pure Obstration.

Eier

Auch Eier eignen sich bestens für das Low-Carb-Frühstück. Mit ihnen lassen sich vielfältige kohlenhydratbewusste Frühstücksvariationen zaubern – von süß bis pikant. Und preiswert sind sie obendrein. Vor dem Cholesterin brauchen Sie sich auch nicht zu fürchten. Auch wenn Eier zu den cholesterinreichen Lebensmitteln gehören, haben sie keinen nennenswerten Einfluss auf das Blutcholesterin.

Stattdessen liefert ein Ei acht Gramm Eiweiß, das vom Organismus bestens verwertet werden kann. Das enthaltene Fett (sieben Gramm pro Ei) weist ein günstiges Fettsäuremuster auf. Eier von artgerecht gehaltenen Hühnern haben einen höheren Gehalt an Omega-3-Fettsäuren als solche, die aus konventioneller Erzeugung stammen. Darüber hinaus gehören Eier zu den bedeutendsten Lieferanten für Mikronährstoffe.

Milch und Milchprodukte

Sie dürfen gerne in der vollfetten Variante auf den Frühstückstisch kommen, sofern sie nicht mit zucker- und stärkereichen Lebensmitteln kombiniert werden. Am besten sind sie in der naturbelassenen Variante. Industriell hergestellte Zubereitungen aus Milchprodukten, z.B. Fruchtjoghurt oder Buttermilchdrinks, enthalten meistens eine Menge Zucker und so allerlei weitere Zutaten wie Farb- oder Füllstoffe. Mischen Sie Ihren Fruchtjoghurt oder Ihre Quarkspeise also lieber selbst. Das erfordert keinen großen Aufwand und Sie wissen genau, was drin steckt.

Fleisch und Fisch

Diese beiden Kandidaten sind nicht unbedingt nach jedermanns Geschmack, wenn es um die Gestaltung des Frühstücks geht. Dank ihrer Fülle an Nährstoffen sind sie allerdings auch morgens nicht zu verachten. Vielleicht findet künftig doch das eine oder andere Hähnchenschnitzel vom Vortag gemeinsam mit einer ordentlichen Portion Rohkost seinen Weg auf den Teller oder in die Frühstücksbox. Oder Sie lassen es sich am Sonntagmorgen mit Lachs und Ei so richtig gutgehen.

Nüsse und Samen

Ihren schlechten Ruf als Fett- und Kalorienbomben konnten Nüsse (und auch Samen) längst hinter sich lassen. Längst ist bekannt, dass in den kleinen Kraftpaketen eine ganze Menge gesundheitsförderndes Potenzial steckt. Nüsse enthalten besonders wertvolle einfach ungesättigte sowie Omega-3-Fettsäuren. Daneben sind sie auch eine gute Eiweißquelle und versorgen uns zudem mit reichlich Ballaststoffen, Vitaminen (z. B. Vitamin E oder Folsäure), Mineralstoffen (z. B. Magnesium, Kalium, Kupfer) und sekundären Pflanzenstoffen. Eine kleine Handvoll pro Tag gilt als gutes Maß.

Gesunde Fette

Am Fett muss bei Low-Carb/LOGI nicht gespart werden. Sie dürfen also ruhig ein wenig großzügiger damit umgehen und Gemüse, Früchte, Joghurt- und Quarkspeisen und Co. mit gesunden Fetten anreichern, bevorzugt mit solchen, die einen hohen Anteil an einfach ungesättigten Fettsäuren (z. B. Olivenöl, Rapsöl) und Omega-3-Fettsäuren (z. B. Lein-, Hanf- oder Walnussöl) haben. Auch gegen Butter spricht nichts. Allerdings kommt sie weniger aufs Brot, sondern wird vielmehr mit Gemüse oder Eierspeisen kombiniert.

Und wo bleiben Brot, Brötchen und Müsli?

Zunächst einmal eine gute Nachricht für alle Brot-Fans: Fortan völlig auf Brot zu verzichten ist auch bei einer kohlenhydratreduzierten Ernährung nicht nötig. Es heißt ja schließlich »Low-Carb« und nicht »No-Carb«. Die eine oder andere Scheibe Brot ist also durchaus drin. Allerdings sollten Sie die Vollkornvariante bevorzugen, nach deren Verzehr der Blutzucker moderater ansteigt. Mehr als eine Scheibe Brot oder ein Brötchen sollte es aber auch nicht sein. Denn letztendlich ist die Summe der Kohlenhydrate dafür entscheidend, wie viel Insulin dafür benötigt wird, um den Blutzucker wieder auf sein Ausgangsniveau zu senken. Auch sogenannte Eiweißbrote sind für ein kohlenhydratbewusstes Frühstück geeignet. Die können Sie inzwischen vielerorts kaufen oder auch selber backen. Ihr Kohlenhydratanteil beträgt in der Regel etwa zehn Prozent. Der ansonsten hohe Anteil an stark blutzuckerwirksamen Mehl in normalen Backwaren wird durch weniger blutzuckerwirksame Zutaten ersetzt: dazu gehören Nussmehle, Kleie, gemahlene oder gehackte Nüsse, Samen, Eiweißpulver aber auch Quark oder Ricotta und Eier.

Müsli ist für viele Menschen das ideale Frühstück. Doch mit herkömmlichen Müslimischungen werden ganz schnell große Kohlenhydratmengen erreicht, die den

Genussvoll kombinieren für ein kreatives Low-Carb-Frühstück

Blutzucker zwar vielleicht nicht blitzschnell, aber insgesamt doch massiv erhöhen und entsprechende Insulinreaktionen auslösen. Wer nicht auf sein gewohntes Müsli verzichten, aber dennoch kohlenhydratbewusst in den Tag starten möchte, für den gibt es inzwischen eine gute Auswahl an Low-Carb-Müslis, die weniger Kohlenhydrate und dafür mehr Eiweiß enthalten.

In den Müslirezepten dieses Ratgebers haben wir verschiedene Müslisorten des Herstellers Layenberger verwendet, aber natürlich eignen sich auch andere Produkte aus diesem Bereich.

Alternativ können Sie auf Basis von Nüssen und Samen auch eigene Müslimischungen herstellen und diese mit Milchprodukten und frischen Früchten verfeinern.

Für eine zusätzliche morgendliche Dosis an Omega-3-Fettsäuren sorgt ein Löffel Lein-, Hanf- oder Walnussöl.

Frühstück außer Haus

Frühstück »to go«

Weniger als 60 Prozent der 20- bis 50-Jährigen frühstücken inzwischen zu Hause in den eigenen vier Wänden. Und auch Kinder und Jugendliche gehen zunehmend ohne Frühstück aus dem Haus. Wer gut und im Sinne von Low-Carb für seine Unterwegsverpflegung vorsorgt, braucht sich keine Sorgen vor möglichen Kohlenhydratfallen machen. Etliche Gerichte aus dem Rezeptteil lassen sich gut vorbereiten und mitnehmen, etwa die Quarkmuffins von Seite 58 oder der Geflügelsalat von Seite 30. Wenn's besonders schnell gehen muss, eignen sich u. a. auch folgende Kombinationen:

- Cocktailtomaten und ein Becher Mozzarellakugeln

- Naturjoghurt, Apfel und eine Handvoll Nüsse

- Käsewürfel und Obst

- Schinken und Essiggürkchen

- hart gekochte Eier, Oliven und Minikarotten

Einladung zum Brunch

Sehr beliebt: ein sonntäglicher Brunch bei Freunden oder ein Frühstück im Café. Hier dürfte eine kohlenhydratbewusste Auswahl kein Problem bereiten. Meist wird zu solchen Gelegenheiten eine ganze Reihe an Low-Carb-tauglichen Lebensmitteln angeboten: pochierte Eier, Rührei, Spiegelei, Eiersalat, Lachs, Hering, Schinken, Aufschnitt, verschiedene Käsesorten, Oliven, Tomaten und Gurken, frischer Fruchtsalat, Quark, Joghurt, Buttermilch … Und auch Suppen gehören meistens zu einem Brunch dazu. Wer braucht da noch Brötchen oder Croissants?

Der kleine Hunger zwischendurch

Der sollte sich im Rahmen dank nährstoffreicher und gut sättigender Hauptmahlzeiten schnell auf Nimmerwiedersehen verabschieden. Falls sich zwischendurch aber doch mal ein leichtes Hungergefühl einschleicht, können Sie mit einer Handvoll Nüssen, einem Stück Käse oder einem hart gekochten Ei Abhilfe schaffen und die Zeit bis zur nächsten großen Mahlzeit überbrücken.

Avocadocreme mit Papaya-Orangen-Confit und Müslitopping

Für 2 Personen
Zubereitungszeit: 15 Minuten

- 1 Orange
- ½ Papaya (ca. 200 g)
- 1 TL Honig
- 1 reife Avocado
- 50 g Schlagsahne
- 50 g Layenberger LowCarb.one
  Protein-Müsli Schoko-Nuss

1 Portion (ca. 345 g): 450 kcal, 19,7 g Eiweiß (17,9 E%), 28,8 g Fett (59,4 E%), 24,9 g Kohlenhydrate (22,6 E%)

01 Die Orange von der Schale und der weißen Haut befreien. Die Fruchtfilets mit einem scharfen Messer zwischen den Trennhäuten herauslösen. Den austreten den Saft in einer Schüssel auffangen. Die halbe Papaya von den Kernen befreien, schälen und das Fruchtfleisch in kleine Würfel schneiden.

02 Orangenfilets und Papayawürfel zusammen mit dem Honig in eine Schüssel geben, alles miteinander vermengen.

03 Für die Avocadocreme die Avocado längs halbieren, den Kern entfernen und das Fruchtfleisch aus der Schale lösen. Zusammen mit 4 EL Orangensaft in ein hohes Gefäß geben und mit einem Stabmixer pürieren.

04 Die Sahne steif schlagen und unter die Avocadomasse heben.

05 Anschließend schichtweise die Avocadocreme, das Papaya-Orangen-Confit und die Müslimischung in Gläser füllen. Abschließend mit ein wenig Müsli bestreuen und servieren.

Apfelscheiben mit Ziegenfrischkäse

Für 2 Personen
Zubereitungszeit: 10 Minuten

- 2 Äpfel (z. B. Elstar)
- Saft von ½ Zitrone
- 150 g Ziegenfrischkäse
- 2 TL Feigensenf

1 Portion (ca. 240 g): 210 kcal, 7,6 g Eiweiß (14,7 E%), 9,3 g Fett (41 E%), 22,8 g Kohlenhydrate (44,3 E%)

01   Die Äpfel schälen und das Kerngehäuse mit einem Apfelausstecher entfernen. Den Apfel quer in ½ cm dicke Scheiben schneiden. Die Apfelscheiben mit Zitronensaft beträufeln.

02   Die Äpfel mit Ziegenfrischkäse bestreichen und jeweils 1 Klecks Feigensenf als Topping daraufgeben.

TIPP: Um dem Gericht eine besondere Note zu verleihen, kann man die belegten Apfelscheiben in 1 EL Öl ca. 1–2 Minuten von der Unterseite anbraten.

Buttermilch-Joghurt-Beeren-Smoothie

Für 2 Personen
Zubereitungszeit: 10 Minuten

- 200 g frische Erdbeeren
- 200 g frische Himbeeren
- 100 ml Möhrensaft
- 200 g Buttermilch
- 1 TL Honig
- 100 g Joghurt (3,5 % Fett)
- 2 Strohhalme

1 Portion (ca. 400 g): 160 kcal, 7,9 g Eiweiß (22,1 E%), 3,2 g Fett (19,6 E%), 20,8 g Kohlenhydrate (58,3 E%)

01   Erdbeeren und Himbeeren verlesen und vorsichtig unter fließendem Wasser waschen. In ein hohes Mixgefäß geben.

02   Möhrensaft, Buttermilch und Honig zufügen und alles mit einem Stabmixer pürieren.

03   Den fertigen Smoothie in Gläser füllen und den Joghurt als Topping darauf verteilen. Mit einem Strohhalm servieren.

Azteken-Schatz-Brötchen

Ergibt 10 Frühstücksbrötchen
(= 5 Portionen)
Belag für 2 Portionen
Zubereitungszeit: 10 Minuten
Backzeit: 60 Minuten

Für die Brötchen:
- 60 g Chiasamen
- 60 g Leinsamen
- 300 g Speisequark (20 % Fett)
- 2 Eier (Größe L)
- 1 Prise Meersalz
- 2 EL Sonnenblumenkerne

Für den Belag:
- 20 g Butter
- 1 Bund Frühlingszwiebeln
- 1 Bund Radieschen

1 Portion (2 Brötchen mit Belag, ca. 220 g): 325 kcal, 18,6 g Eiweiß (23,5 E%), 23,4 g Fett (67,1 E%), 7,4 g Kohlenhydrate (9,4 E%)

01 Backofen auf 180 °C (Umluft) vorheizen.

02 In einer Schüssel Chiasamen, Leinsamen, Quark, Eier und Salz verrühren. Anschließend die Masse 5–10 Minuten quellen lassen.

03 Die Teigmasse zu acht Kugeln formen und auf ein Backblech mit Backpapier verteilen. Die Sonnenblumenkerne als Topping auf den Brötchen verteilen und leicht andrücken.

04 Die Frühstücksbrötchen im vorgeheizten Backofen 20–30 Minuten backen.

05 Die Brötchen sind eine ideale Abwechslung für das Frühstück und können nach Belieben belegt werden, etwa wie in diesem Rezept mit Butter, Frühlingszwiebeln und Radieschen.

TIPP: Streuen Sie für eine andere Variante etwas Parmesan über die fast fertig gebackenen Brötchen und überbacken Sie diese kurz damit.

Blaubeer-Tofu-Creme

Für 2 Personen
Zubereitungszeit: 10 Minuten

- 1 kleine Papaya (ca. 300 g)
- 100 g Tofu (natur)
- 50 ml Mineralwasser
- Saft von 1 Orange
- 50 g Erdnüsse (geschält, ohne Salz)
- 10 g Weizenkleie
- 400 g Blaubeeren
- 4 Minzblättchen

1 Portion (ca. 505 g): 340 kcal, 13,8 g Eiweiß (16,8 E%), 17 g Fett (46 E%), 30,5 g Kohlenhydrate (37,2 E%)

01   Die Papaya halbieren, schälen und von den Kernen befreien. Tofu abtropfen lassen und grob zerbröckeln. Papaya, Tofu und Mineralwasser in einem hohen Gefäß mit einem Stabmixer pürieren.

02   Den Orangensaft zum Gemisch im Mixer geben und alles zusammen nochmals pürieren.

03   Die Erdnüsse und die Weizenkleie in einer Pfanne ohne Fett goldbraun anrösten. Die Blaubeeren verlesen und kurz unter fließendem Wasser abbrausen.

04   Die Tofu-Frucht-Mousse, die Blaubeeren und die Erdnüsse schichtweise in Schälchen einfüllen. Für 30 Minuten in den Kühlschrank stellen.

05   Zum Servieren mit den Minzblättern garnieren.

Blaubeerpfannkuchen

Für 2 Personen
Zubereitungszeit: 20 Minuten

- 2 Eier (Größe L)
- 200 ml Milch (3,5 % Fett)
- 50 g Mandelmehl
- 2 EL Haferkleie
- 1 Prise Salz
- 20 g Butter
- 300 g Blaubeeren
- 1 EL Rapsöl
- 100 g Speisequark (20 % Fett)
- Zimt und Vanillepulver nach Geschmack

1 Portion (ca. 410 g): 510 kcal, 33,3 g Eiweiß (26,8 E%), 29,6 g Fett (54 E%), 23,9 g Kohlenhydrate (19,2 E%)

01   Eier, Milch, Mandelmehl, Haferkleie und Salz zu einer glatten Masse verrühren.

02   Die Pfannkuchen in einer heißen Pfanne mit Butter von jeder Seite ca. 2–3 Minuten goldbraun backen.

03   In einer weiteren Pfanne die Blaubeeren ca. 1 Minute in Rapsöl anbraten und mit Quark, Zimt und Vanillepulver mischen.

04   Die gebackenen Pfannkuchen mit der Blaubeermasse füllen, einrollen und servieren.

Bunte Eiermuffins mit Schnittlauch

**Für 2 Personen
Zubereitungszeit: 10 Minuten**

- 2 Zwiebeln
- 2 rote Paprika
- 1 grüne Paprika
- ¼ Bund frischer Schnittlauch
- 80 g Kochschinken (ca. 4 Scheiben)
- 4 Eier (Größe M)
- 8 dünne Scheiben Frühstücksspeck
- 4 EL saure Sahne
- Salz und Pfeffer nach Geschmack

1 Portion (ca. 510 g): 530 kcal, 28,7 g Eiweiß (21,8 E%), 38,2 g Fett (64,3 E%), 18,4 g Kohlenhydrate (13,9 E%)

01   Backofen auf 180 °C (Umluft) vorheizen.

02   Für die Muffins zunächst die Zwiebeln schälen und in feine Würfel schneiden. Paprika halbieren, zunächst Kerne und weiße Häutchen entfernen, anschließend waschen und in feine kleine Würfel schneiden. Schnittlauch waschen, trocken schütteln und in Röllchen schneiden. Den Kochschinken in dünne Streifen schneiden.

03   Die Eier in einem Glas aufschlagen und mit einer Gabel verquirlen.

04   Die Muffinförmchen jeweils mit zwei Scheiben Speck auslegen. Die Eier und die vorbereiteten Zutaten gleichmäßig auf die Förmchen verteilen.

05   Die Muffins im Backofen (Mitte) 10–12 Minuten backen, bis die Eimasse fest gestockt ist.

06   Zum Servieren die saure Sahne mit Salz und Pfeffer würzen und jeweils einen Klecks zu den Muffins geben.

Exotischer Blaubeerjoghurt

Für 2 Personen
Zubereitungszeit: 15 Minuten

- 150 ml Kokosmilch
- 150 g Joghurt (3,5 % Fett)
- 75 g Frischkäse (20 % Fett)
- 3 EL gemahlene Mandeln
- 2 EL Chiasamen
- 250 g Blaubeeren
- 2 TL Preiselbeeren (ungesüßt)

1 Portion (ca. 340 g): 405 kcal, 15,4 g Eiweiß (15,6 E%), 29,8 g Fett (68,4 E%), 15,8 g Kohlenhydrate (16 E%)

01 Kokosmilch, Joghurt und Frischkäse in eine Schüssel geben und mit einem Schneebesen cremig rühren. Mandeln und Chiasamen unterrühren.

02 Blaubeeren verlesen und waschen.

03 In zwei Gläser schichtweise Kokoscreme, Preiselbeeren und Blaubeeren einfüllen. Mit einer Cremeschicht enden und das Ganze mit ein paar Blaubeeren garnieren.

Erdbeergratin mit Keksmüsli

Für 2 Personen
Zubereitungszeit: 15 Minuten

- 400 g Erdbeeren
- 2 Eier (Größe M)
- 80 g Mascarpone
- 80 g Layenberger LowCarb.one Protein-Keks-Müsli Kaffee-Karamell
- einige Minzblättchen

1 Portion (ca. 340 g): 465 kcal, 27,5 g Eiweiß (24,3 E%), 29,3 g Fett (58,8 E%), 19,1 g Kohlenhydrate (16,9 E%)

01 Backofen auf 180 °C (Umluft) vorheizen.

01 Erdbeeren putzen, waschen, je nach Größe halbieren oder vierteln und in eine flache Auflaufform geben.

02 Die Eier trennen. Das Eiweiß zu Schnee schlagen und beiseitestellen. Mascarpone, die Müslimischung und die beiden Eigelb miteinander vermischen. Den Eischnee unterheben. Anschließend die Masse auf den Beeren verteilen.

03 Das Ganze im Backofen (Mitte) ca. 6–8 Minuten überbacken.

04 Das Gratin mit den Minzblättchen bestreuen und warm servieren.

Eierkuchen mit Gemüse

Für 2 Personen
Zubereitungszeit: 25 Minuten

- 2 Schalotten
- 1 EL Rapsöl
- 2 Lauchstangen
- 2 Paprikaschoten (rot, grün)
- 2 Möhren
- 6 Eier (Größe M)
- 30 ml Milch (3,5 % Fett)
- 1 EL gehackte Petersilie
- Muskat, Salz und Pfeffer nach Geschmack

1 Portion (ca. 575 g): 410 kcal, 27,3 g Eiweiß (27,2 E%), 23,4 g Fett (51,7 E%), 21,2 g Kohlenhydrate (21,1 E%)

01   Schalotten schälen und fein würfeln. Öl in einer Pfanne erhitzen und die Schalotten darin ca. 1–2 Minuten glasig anbraten.

02   Zwischenzeitlich den Lauch putzen, waschen und in etwa 1 cm dicke Ringe schneiden. Die Paprikaschoten halbieren, entkernen, waschen und grob würfeln. Möhren schälen und fein raspeln. Möhren, Lauch und Paprika zu den Schalotten geben und ca. 4 Minuten mitgaren. Mit Muskat, Salz und Pfeffer würzen.

03   Währenddessen die Eier mit der Milch und der Petersilie verquirlen und über die Gemüsemischung in der Pfanne gießen.

04   Die Eier-Gemüse-Mischung etwa 3–4 Minuten stocken lassen und auf beiden Seiten jeweils 3–4 Minuten goldbraun backen.

05   Den Eierkuchen in vier gleichgroße Stücke teilen und jeweils zwei davon auf einem Teller anrichten.

Früchtepower mit Sprossen

Für 2 Personen
Zubereitungszeit: 15 Minuten

- 1 Pfirsich
- 200 g Joghurt (3,5 % Fett)
- 100 g Erdbeeren
- 30 g Alfalfasprossen
- 2 EL Kokosflocken
- ½ TL Honig

1 Portion (ca. 235 g): 190 kcal, 6,4 g Eiweiß (14 E%),
10,7 g Fett (51,7 E%), 15,7 g Kohlenhydrate (34,2 E%)

01   Pfirsich waschen, halbieren, den Stein entfernen und das Fruchtfleisch in feine Würfel schneiden. Die Pfirsichwürfel in Gläser füllen und den Joghurt darübergießen.

02   Erdbeeren verlesen und kurz unter fließendem Wasser waschen und abtropfen lassen. Anschließend in Scheiben schneiden und gleichmäßig auf dem Joghurt verteilen. Die Sprossen waschen und in einem Sieb abtropfen lassen.

03   Die Kokosflocken in einer beschichteten Pfanne ohne Fett anrösten. Den Honig zugeben und alles miteinander verrühren.

04   Die Erdbeeren mit den frischen Sprossen und den gerösteten Kokosflocken bestreuen.

INFO: Sprossen sind eine sehr gute Quelle für Mineralien und Spurenelemente. Sie sind besonders reich an Kalzium und Magnesium, liefern aber auch nennenswerte Mengen Eisen, Kalium und Zink. Sie können verschiedene Sprossensorten abgepackt kaufen oder selber auf der Fensterbank ziehen. Wichtig dabei ist, dass Sie sie vor der Verwendung gründlich abbrausen und abtropfen lassen.

Gebackenes Knuspermüsli mit Himbeeren

Für 4 Personen
Zubereitungszeit: 10 Minuten
Backzeit: 60 Minuten

- 4 Eiweiß (von Eiern Größe L)
- 80 g Kokosraspel
- 40 g gemahlene Mandeln
- 40 g Sonnenblumenkerne
- 40 g Mandelblättchen
- 40 g gehackte Walnüsse
- 2 EL Erythrit (oder entsprechende Menge nach Geschmack)
- 1 EL lauwarmes Wasser
- 600 g Himbeeren
- 400 g Joghurt (1,5 % Fett)
- 2 EL Chiasamen

1 Portion (ca. 360 g): 510 kcal, 21,5 g Eiweiß (17,3 E%), 37,1 g Fett (67,5 E%), 19 g Kohlenhydrate (15,2 E%), 10 g Zuckeralkohol

01 Backofen auf 130 °C (Umluft) vorheizen.

02 Die Eiweiße in einer Schüssel mit allen anderen Zutaten (von den Kokosraspeln bis zu den Walnüssen) verrühren. Je nach gewünschter Süße Erythrit zugeben. Dazu etwas lauwarmes Wasser geben, um die Masse krümelig zu machen.

03 Die Müslimasse auf einem Backblech verteilen und für 60 Minuten im vorgeheizten Backofen backen.

04 Nach etwa 30 Minuten die Masse umrühren, damit das Knuspermüsli gleichmäßig knusprig und goldbraun bäckt. Anschließend das Ganze auskühlen lassen und in einem Gefäß verschlossen und trocken lagern.

05 Die Himbeeren verlesen, vorsichtig waschen und trocken tupfen.

06 Zum Servieren das Müsli mit Joghurt, Himbeeren und Chiasamen in Müslischalen anrichten.

TIPP: Das verbleibende Eigelb können Sie abgedeckt im Kühlschrank aufbewahren und zu einer anderen Mahlzeit als Rührei verwenden.

Geflügelküchlein mit Joghurttomaten

Für 2 Personen
Zubereitungszeit: 20 Minuten

- 300 g Hähnchenbrust
- 1 Zwiebel
- 50 g Hartkäse (am Stück)
- 1 Ei (Größe M)
- 25 g Chiasamen
- 1–2 g Basilikum (getrocknet)
- ½ TL Paprikapulver (edelsüß)
- 1 EL Rapsöl
- 400 g Kirschtomaten
- 100 g Joghurt (1,5 % Fett)
- 1 EL Aceto balsamico (hell)
- 1 EL Olivenöl
- ½ Bund frischer Dill
- Salz und Pfeffer nach Geschmack

1 Portion (ca. 500 g): 510 kcal, 53,1 g Eiweiß (42,7 E%),
26,8 g Fett (48,9 E%), 10,5 g Kohlenhydrate (8,4 E%)

01   Die Hähnchenbrust waschen, trocken tupfen, in möglichst feine Würfel schneiden und in eine Schüssel geben. Zwiebel schälen und ebenfalls fein würfeln. Den Hartkäse fein hobeln.

02   Die Hähnchenfleischwürfel mit dem Hartkäse, dem Ei, den Chiasamen und dem Basilikum vermengen. Mit Salz, Pfeffer und Paprikapulver abschmecken. Die Geflügelmasse anschließend zu esslöffelgroßen Küchlein formen.

03   Das Rapsöl in einer Pfanne erhitzen und das Fleisch darin von jeder Seite ca. 5–6 Minuten braten.

04   In der Zwischenzeit die Kirschtomaten waschen und vierteln.

05   Für das Dressing Joghurt, Balsamico und Olivenöl vermischen. Den Dill waschen, von den Stielen befreien, fein hacken und zum Dressing geben. Mit Salz und Pfeffer würzen. Das Dressing über die Tomaten geben und alles vermengen.

06   Zum Servieren die Geflügelküchlein mit den Joghurt-Dill-Tomaten auf einem Teller anrichten und servieren.

Geflügelsalat

Für 2 Personen
Zubereitungszeit: 15 Minuten

- 250 g Putenschnitzel
- 1 EL Olivenöl
- 150 g Kidneybohnen (Abtropfgewicht, Dose)
- 1 grüne Paprika
- 100 g Joghurt (3,5 % Fett)
- 1 TL Currypulver
- 2 Kopfsalate
- 20 g Alfalfasprossen
- Salz und Pfeffer nach Geschmack

1 Portion (ca. 440 g): 255 kcal, 18 g Eiweiß (30,2 E%), 10,5 g Fett (40,2 E%), 17,6 g Kohlenhydrate (29,6 E%)

01 Die Putenschnitzel waschen, trocken tupfen, in feine Streifen schneiden und mit Salz und Pfeffer würzen.

02 Das Öl in einer Pfanne erhitzen und die Putenwürfel darin von allen Seiten ca. 6–8 Minuten braten, bis sie eine knusprige Kruste haben. Anschließend erkalten lassen.

03 Kidneybohnen abtropfen lassen.

04 Paprika halbieren. Nach dem Entfernen der Kerne waschen und in feine Würfel schneiden.

05 Das Putenfleisch mit Joghurt, Kidneybohnen und Paprikawürfeln vermengen und mit Currypulver, Salz und Pfeffer würzen.

06 Den Kopfsalat vom Strunk befreien, waschen und in Blätter teilen. Zum Servieren den Geflügelsalat dekorativ auf den Kopfsalatblätter anrichten und die gewaschenen Alfalfasprossen anlegen.

TIPP: Der Anbau von Alfalfasprossen ist ganz einfach. Dazu die Samen ca. 4–6 Stunden in Wasser einweichen. Anschließend die Samen in die Keimhilfe legen (z. B. Keimglas) und täglich 2–3-mal neu wässern. Durch den Keimvorgang vergrößert sich das Volumen des Keimlings auf das 8–12-Fache. Die Alfalfakeimlinge brauchen bei Zimmertemperatur (18–22 °C) ca. 7–8 Tage, bis sie erntereif sind.

ACHTUNG: Die Keimlinge auf jeden Fall erst nach dem 7. Keimtag verzehren, da der Samen einen natürlichen Fraßschutz (Giftstoff Canavanin) besitzt und dieser sich erst nach 7 Tagen Keimung vollständig abgebaut hat.

Gefüllte Pflaumen mit Knusperhüttenkäse aus der Pfanne

Für 2 Personen
Zubereitungszeit: 15 Minuten

- 6 große Pflaumen
- 12 halbe Walnusskerne
- 100 g körniger Hüttenkäse
- 1 Ei (Größe L)
- 80 g Layenberger LowCarb.one Protein-Müsli Himbeer-Erdbeer
- 1 TL Honig

1 Portion (ca. 260 g): 395 kcal, 30,3 g Eiweiß (31,3 E%), 19,1 g Fett (44,8 E%), 23,1 g Kohlenhydrate (23,9 E%)

01 Backofen auf 180 °C (Umluft) vorheizen. Die Pflaumen waschen, halbieren und entkernen.

02 Die Walnüsse in einer feuerfesten Pfanne ohne Fett ca. 1–2 Minuten anrösten. Anschließend aus der Pfanne nehmen und beiseitestellen. In dieselbe Pfanne nun die Pflaumenhälften legen.

03 Den Hüttenkäse mit dem Ei, dem Layenberger LowCarb.one Müsli und dem Honig verrühren. Anschließend gleichmäßig in die Pflaumenhälften füllen und jeweils eine Walnusshälfte eindrücken.

04 Die gefüllten Pflaumen in der Pfanne im Backofen (Mitte) ca. 8–10 Minuten überbacken.

Gemüse-Ei-Sandwich mit gebratenen Avocados

Für 2 Personen
Zubereitungszeit: 20 Minuten

- 2 kleine Auberginen (ca. 300 g)
- ½ Bund frischer Basilikum
- 80 g Blauschimmelkäse
- 80 g gekochter Schinken (4 Scheiben)
- 1 EL Eiweißpulver (neutral)
- 2 Eier (Größe L)
- 1 Avocado
- 1 Zwiebel
- 2 EL Olivenöl
- Salz, Pfeffer und Paprikapulver nach Geschmack

1 Portion (ca. 440 g): 575 kcal, 31,4 g Eiweiß (22 E%),
45,2 g Fett (11,4 E%), g Kohlenhydrate (8 E%)

01 Auberginen waschen, trocken reiben und den Stielansatz abschneiden. Von den Seiten der Auberginen der Länge nach jeweils ca. 2 cm wegschneiden. Diese Stücke können in Würfel geschnitten und später zusammen mit der Avocado in der Pfanne angebraten werden.

02 Die Auberginen anschließend der Länge nach mit einem scharfen Küchenmesser in jeweils vier Scheiben schneiden und nebeneinander auf ein Küchenbrett legen. Den Basilikum waschen, trocken schütteln und die Blättchen abzupfen. Den Blauschimmelkäse in dünne Scheiben schneiden.

03 Die Hälfte der Auberginenscheiben jeweils mit Blauschimmelkäse, gekochtem Schinken und einigen Basilikumblättchen belegen. Anschließend mit den anderen Auberginenscheiben bedecken. Das Ganze leicht andrücken. Dann die Auberginen von beiden Seiten mit Salz und Pfeffer würzen und mit etwas Eiweißpulver bestäuben.

04 Die Eier in einen tiefen Teller aufschlagen und mit einer Gabel verquirlen. Die Auberginensandwiches darin wenden, bis sie vollkommen mit Ei bedeckt sind.

05 Avocado halbieren und vom Kern befreien. Das Avocadofleisch aus der Schale lösen und in ca. 1 cm große Würfel schneiden. Zwiebel schälen und fein würfeln. 1 EL Öl in einer beschichteten Pfanne erhitzen. Zwiebel- und Avocadowürfel (und ggf. die gewürfelten Auberginenstücke) darin ca. 1–2 Minuten kross und goldbraun anbraten. Mit Salz, Pfeffer und Paprika würzen.

06 In einer weiteren großen, beschichteten Pfanne das restliche Olivenöl erhitzen und die Auberginensandwiches zunächst auf höchster Stufe von beiden Seiten scharf anbraten. Dann die Temperatur auf mittlere Stufe reduzieren und die Auberginen so lange weiterbraten, bis sie goldbraun sind.

07 Vor dem Servieren die Auberginensandwiches nochmals mit Salz und Pfeffer würzen, zusammen mit dem Avocadogemüse auf Tellern anrichten.

Gefüllte Tomaten

Für 2 Personen
Zubereitungszeit: 20 Minuten

- 200 g frischer Blattspinat
- 4 große Fleischtomaten
- 1 EL Olivenöl
- 50 g Parmesan
- 100 g Speisequark (20 % Fett)
- 1 Ei (Größe L)
- 1 Chinakohl
- 100 g Naturjoghurt (3,5 % Fett)
- 30 g Walnusskerne
- Muskat, Salz und Pfeffer nach Geschmack

1 Portion (ca. 550 g): 450 kcal, 27,6 g Eiweiß (25,3 E%), 31,6 g Fett (64 E%), 11,7 g Kohlenhydrate (10,7 E%)

01 Backofen auf 180 °C (Umluft) vorheizen.

02 Spinat waschen, entstielen und abtropfen lassen. Die Tomaten kurz unter fließendem Wasser abbrausen, vom Strunk befreien und nach Abschneiden der Kappen mit einem Löffel aushöhlen. Die ausgehöhlten Tomaten beiseitelegen und das Innere der Tomate klein hacken.

03 Das Öl in einer Pfanne erhitzen und den Spinat ca. 2–3 Minuten darin anschwitzen. Anschließend beiseitestellen.

04 Den Parmesan hobeln. Den Quark zusammen mit dem Ei und der Hälfte des Parmesans unter den Spinat mengen und alles mit Muskat, Salz und Pfeffer würzen.

05 Die ausgehöhlten Tomaten mit der Masse befüllen und anschließend mit dem restlichen Parmesan bestreuen.

06 Nun die gefüllten Tomaten in eine Auflaufform setzen und im Ofen (Mitte) ca. 7–8 Minuten backen.

07 In der Zwischenzeit den Chinakohl waschen und in feine Streifen schneiden. Den Joghurt und das gehackte Tomateninnere unter die Salatstreifen mischen und das Ganze mit Salz und Pfeffer würzen. Die Walnusskerne in einer Pfanne ohne Fett 1–2 Minuten rösten.

08 Zum Servieren die Tomaten auf flachen Tellern auf dem Salat anrichten und die Nüsse als Garnitur darüberstreuen.

Guten-Morgen-Powerdrink

Für 2 Personen
Zubereitungszeit: 10 Minuten

- ½ Salatgurke
- 1 Avocado
- ½ gelbe Paprika
- 150 g Joghurt (3,5 % Fett)
- 300 ml Tomatensaft
- 1 EL Olivenöl
- Salz nach Geschmack

1 Portion (ca. 440 g): 280 kcal, 6,3 g Eiweiß (9,3 E%), 20,7 g Fett (67,5 E%), 15,7 g Kohlenhydrate (23,2 E%)

01 Gurke schälen und in grobe Stücke schneiden. Einige dickere Scheiben zum Garnieren beiseitelegen. Die Avocado halbieren, entkernen, schälen und das Avocadofleisch in grobe Stücke schneiden. Paprika entkernen, waschen und in grobe Würfel schneiden.

02 Gurken-, Avocado- und Paprikastücke, Joghurt, Tomatensaft und Olivenöl zusammen in ein hohes Gefäß geben und alles mit dem Stabmixer pürieren.

03 Den Drink mit Salz würzen und auf zwei Gläser verteilen. Mit den Gurkenscheiben garnieren und servieren.

TIPP: Um dem Drink eine Extraportion Eiweiß zu verleihen, können Sie zusätzlich 100 g Quark einrühren und erhalten pro Portion eine Extraportion von etwa 6 g Eiweiß.

Hefebrot mit Kräuteromelett

Ergibt 12 Scheiben (= 6 Portionen)
Belag für 2 Portionen
Zubereitungszeit: 15 Minuten
Backzeit: 50 Minuten

Für das Brot:
- 100 g Möhren
- 100 g blanchierte gemahlene Mandeln
- 60 g Eiweißpulver (neutral)
- 25 g Weizenkleie
- 20 g geschroteter Leinsamen
- 1 TL Brotgewürz (gemahlen)
- ½ TL Salz
- ½ TL Erythrit
- ½ Päckchen Trockenhefe
- 1 Ei (Größe M)
- 70 ml lauwarmes Wasser

Für den Belag:
- 4 Eier (Größe M)
- 4 EL Milch (3,5 % Fett)
- 4 TL frisch gehackte Kräuter
- 5 g Butter
- 100 g Strauchtomaten
- Salz und Pfeffer nach Geschmack

1 Portion (2 Scheiben Brot mit Belag, ca. 260 g):
385 kcal, 30,6 g Eiweiß (30,7 E%), 25,3 g Fett (57,6 E%),
11,7 g Kohlenhydrate (11,7 E%)

01   Für das Brot die Möhren putzen und sehr fein raspeln. Mandeln, Eiweißpulver, Weizenkleie, Leinsamen, Brotgewürz, ½ TL Salz, Erythrit und Trockenhefe miteinander mischen.

02   Das Ei verquirlen. Möhren und Ei sowie nach und nach das lauwarme Wasser unter die Mandelmischung kneten. Den Teig abgedeckt an einem warmen Ort 2 Stunden gehen lassen.

03   Backofen auf 200 °C (Umluft) vorheizen. Ein Backblech mit Backpapier auslegen.

04   Das Brot zu einem Laib formen und die Oberfläche mit Wasser benetzen. Im Backofen (Mitte) 10 Minuten backen. Dann die Backtemperatur auf 180 °C reduzieren und das Brot ca. 40 Minuten fertig backen.

05   Für den Belag das Ei mit Milch, Kräutern, Salz und Pfeffer verquirlen. Die Butter in der Pfanne zerlassen. Die Eiermischung hineingeben und zu einem Omelett ausbacken. Das Omelett halbieren und auf jeweils 2 Scheiben Brot legen. Die Tomaten küchenfertig vorbereiten, in Scheiben schneiden und auf dem Omelett verteilen. Abschließend mit Salz und Pfeffer würzen.

Herzhafte Pfannkuchen

Für 2 Personen
(2 Pfannkuchen pro Portion)
Zubereitungszeit: 20 Minuten

- 4 Eier (Größe L)
- 150 g Speisequark (20 % Fett)
- 1 Prise Salz
- 80 g gekochter Schinken
- 80 g Emmentaler
- 2 Tomaten
- 2 TL Sesam

1 Portion (ca. 370 g): 455 kcal, 40,4 g Eiweiß (35,8 E%),
29,7 g Fett (58,2 E%), 6,7 g Kohlenhydrate (6 E%)

01 Backofen auf 150 °C (Umluft) vorheizen.

02 Die Eier trennen. Das Eigelb mit dem Quark und dem Salz verrühren. Das Eiweiß sehr steif schlagen und anschließend vorsichtig unter die Quarkmasse heben.

03 Die Masse in Form von vier handtellergroßen Fladen auf ein mit Backpapier ausgelegtes Backblech aufstreichen.

04 Den Schinken in feine Würfel schneiden. Den Emmentaler fein reiben. Die Tomaten waschen, vom Strunk befreien und ebenfalls in feine Würfel schneiden. Anschließend Schinken, Käse, Tomaten und Sesam auf den Fladen verteilen.

05 Die Pfannkuchen im vorgeheizten Backofen (Mitte) ca. 25 Minuten goldgelb backen.

TIPP: Um den Pfannkuchen eine orientalische Note zu verleihen, können Sie diese zusätzlich mit Schwarzkümmel bestreuen.

Käsechips mit Lachscreme

Für 2 Personen
Zubereitungszeit: 20 Minuten

Für die Käsechips:
- 50 g Hartkäse (z. B. Parmesan)
- 2 g roter Pfeffer
- 2 g getrockneter Rosmarin

Für die Lachscreme:
- 150 g Zucchini
- 1 kleine Zwiebel
- 2 EL Olivenöl
- 50 g Frischkäse (20 % Fett)
- 80 g geräucherter Lachs
- 1 EL Ahornsirup
- Saft von 1 Limette
- 2 Spritzer Tabasco
- Salz und Pfeffer nach Geschmack

1 Portion (ca. 200 g): 240 kcal, 20,5 g Eiweiß (34,5 E%), 13,9 g Fett (53 E%), 7,4 g Kohlenhydrate (12,5 E%)

01 Backofen auf 200 °C (Umluft) vorheizen. Ein Backblech mit Backpapier auslegen.

02 Für die Käsechips den Hartkäse fein reiben und mit rotem Pfeffer und Rosmarin vermischen. Die Käsemischung in 4 gleich großen Portionen auf das Backblech setzen.

03 Im Backofen (Mitte) ca. 8–10 Minuten backen.

04 Für die Lachscreme die Zucchini waschen, küchenfertig vorbereiten und fein raspeln. Zwiebel schälen und in feine Würfel schneiden.

05 Das Öl in einer beschichteten Pfanne erhitzen. Zucchiniraspel und Zwiebelwürfel ca. 2 Minuten scharf anbraten. Dann die Pfanne vom Herd nehmen.

06 Den Frischkäse zur gegarten Zucchini-Zwiebel-Mischung geben. Den Räucherlachs in feine Würfel schneiden und ebenfalls untermengen. Anschließend das Ganze mit Ahornsirup, Limettensaft, Tabasco, Salz und Pfeffer abschmecken.

07 Zum Servieren die Käsechips mit der Lachscreme bestreichen.

Knusperquark mit Früchten

Für 2 Personen
Zubereitungszeit: 15 Minuten

- 2 Passionsfrüchte
- 100 g Speisequark (20 % Fett)
- 50 ml Mandelmilch
- 50 g Walnusskerne
- 80 g Layenberger LowCarb.one
  Protein-Müsli Himbeer-Erdbeer
- 300 g Wassermelone

1 Portion (ca. 345 g): 450 kcal, 29,4 g Eiweiß (27,2 E%),
g Fett (E%), 28,4 g Kohlenhydrate (26,3 E%)

01   Die Passionsfrüchte halbieren und
die Kerne mit einem Löffel herausholen.
Die Früchte mit einem Stabmixer pürieren,
anschließend die Fruchtmasse durch ein
Sieb in eine Schüssel streichen und zusammen mit dem Quark und der Mandelmilch
vermischen.

02   Walnüsse und Müslimischung in einer
Pfanne ohne Fett ca. 1–2 Minuten goldbraun anrösten.

03   Die Melone schälen, entkernen und
das Fruchtfleisch in etwa 1 cm große Stücke
schneiden.

04   Die Quark-Frucht-Mousse zusammen
mit den Melonen und der Walnuss-Müs-
li-Mischung schichtweise in Schälchen füllen und servieren.

TIPP: Anstelle von Melonen passen
auch frische oder tiefgekühlte Heidel-
beeren oder Himbeeren.

Krabbenfrühstück

Für 2 Personen
Zubereitungszeit: 15 Minuten

- 4 Eier (Größe L)
- 4 EL Milch (3,5 % Fett)
- 1 TL frisch gehackte Dillspitzen sowie etwas Dill zum Bestreuen
- 200 g Nordseekrabben (küchenfertig)
- 4 Fleischtomaten
- 100 g Champignons
- 2 EL Rapsöl
- Salz und Pfeffer nach Geschmack

1 Portion (ca. 500 g): 415 kcal, 38,6 g Eiweiß (37,6 E%), 24,8 g Fett (53,5 E%), 9,2 g Kohlenhydrate (8,9 E%)

01 Eier, Milch, die gehackten Dillspitzen, Salz und Pfeffer verquirlen. Die Krabben untermengen.

02 Die Tomaten waschen, vom Strunk befreien und in fingerdicke Scheiben schneiden. Champignons putzen und vierteln.

03 In einer beschichteten Pfanne mit 1 EL Öl die Tomaten und die Champignons 3–4 Minuten von beiden Seiten anbraten. Mit Salz und Pfeffer würzen und auf Tellern anrichten.

04 In der gleichen Pfanne die Krabben-Ei-Masse in 1 EL Öl unter gelegentlichem Rühren stocken lassen. Das Krabbenrührei auf die Tomaten und Champignons geben. Mit Dill bestreuen und servieren.

Proteinstarter mit Amaranth

Für 2 Personen
Zubereitungszeit: 15 Minuten

- 120 g Speisequark (20 % Fett)
- 80 ml Milch (3,5 % Fett)
- 2 TL Eiweißpulver (Schoko)
- 1 TL Apfeldicksaft
- 1 kleine Papaya (ca. 300 g)
- 2 EL gepuffter Amaranth (Reformhaus)
- 80 g Layenberger LowCarb.one Protein-Keks-Müsli Beeren-Trauben
- 1 TL Kakaopulver (ohne Zucker)

1 Portion (ca. 285 g): 350 kcal, 31,1 g Eiweiß (37,5 E%), 12,2 g Fett (33,5 E%), 24,1 g Kohlenhydrate (29 E%)

01 Quark mit Milch, Eiweißpulver, Kakaopulver und Apfeldicksaft verrühren.

02 Die Papaya halbieren und die Kerne entfernen. Das Fruchtfleisch aus der Schale lösen und in dünne Scheiben schneiden.

03 Abwechselnd Quarkcreme, Amaranth, Papaya und Müslimischung in Gläser schichten. Mit einer Schicht Quarkcreme enden.

04 Vor dem Servieren mit etwas Kakaopulver bestreuen.

Kräuteromelett mit Rucola

Für 2 Personen
Zubereitungszeit: 15 Minuten

- 2 Schalotten
- 1 gelbe Paprika
- ¼ Bund frischer Schnittlauch
- ¼ Bund Petersilie
- ¼ Bund Kerbel
- 80 g Parmaschinken (ca. 4 Scheiben)
- 1 Bund Rucola
- 6 Eier (Größe M)
- 1 TL Butter
- Salz und Pfeffer nach Geschmack

1 Portion (ca. 380 g): 440 kcal, 35 g Eiweiß (32,3 E%), 28,4 g Fett (58 E%), 10,6 g Kohlenhydrate (9,7 E%)

01   Zunächst die Schalotten schälen und in feine Würfel schneiden. Paprika halbieren, die Kerne und die weißen Häute entfernen, waschen und ebenfalls in kleine Würfel schneiden. Schnittlauch waschen, trocken schütteln und in Röllchen schneiden. Petersilie und Kerbel waschen, die Blättchen abzupfen und fein hacken. Den Parmaschinken in dünne Streifen schneiden. Rucola verlesen, waschen und trocken schütteln.

02   Pro Portion drei Eier in einem Glas aufschlagen, jeweils die Hälfte der Kräuter zugeben und alles mit einer Gabel verquirlen.

03   In einer beschichteten Pfanne für das erste Omelett die Hälfte der Butter erwärmen, die Eiermasse hineingeben und bei mittlerer Temperatur leicht stocken lassen.

04   Dann die Hälfte der Schalotten- und Paprikawürfel und des Schinkens zugeben und alles zusammen weitere 2–3 Minuten fertig garen. Anschließend das Omelett mit der Hälfte des Rucola belegen, in der Pfanne zusammenklappen und auf einem Teller anrichten. Mit dem zweiten Omelett ebenso verfahren.

05   Die Omeletts mit Salz und Pfeffer würzen und sofort servieren.

Kürbis-Quark-Brot herzhaft belegt

**Brotzutaten für 1 Kastenform
(ergibt ca. 20 Scheiben Brot
= 10 Portionen)
Belag für 2 Personen
Zubereitungszeit: 15 Minuten
Backzeit: 60 Minuten**

Für das Brot:
- 250 g Kürbis (z. B. Muskatkürbis)
- 5 Eier (Größe L)
- 100 g Haferkleie
- 500 g Speisequark (20 % Fett)
- 75 g Eiweißpulver (neutral)
- 100 g gemahlene Mandeln
- 50 g Kürbiskerne
- 1 Päckchen Backpulver
- 1 TL Salz

Für den Belag:
- 50 g Frischkäse (20 % Fett)
- 1 Römersalat
- 50 g Putenschinken
- 50 g Emmentaler
- 2 Tomaten (in Scheiben geschnitten)

1 Portion (2 Scheiben Brot mit Belag, ca. 325 g):
415 kcal, 37,9 g Eiweiß (36,6 E%), 23 g Fett (50,4 E%),
13,4 g Kohlenhydrate (13 E%)

01 Backofen auf 180 °C (Umluft) vorheizen.

02 Den Kürbis schälen, entkernen und das Fruchtfleisch in etwa 2 cm große Würfel schneiden. Die Kürbiswürfel in einem Topf mit kochendem Wasser 4–5 Minuten kochen. Anschließend abgießen und in einem hohen Gefäß mit einem Pürierstab fein pürieren.

03 Die Kürbismasse in einer großen Schüssel mit den übrigen Brotzutaten zu einem Teig verkneten.

04 Eine Kastenform mit Backpapier auslegen und den Teig hineingeben. Abschließend die restlichen Kürbiskerne auf das Kürbisbrot geben und leicht andrücken.

05 Das Brot im vorgeheizten Backofen (Mitte) ca. 50 Minuten backen.

06 Zum Servieren pro Person jeweils 2 Scheiben Brot mit Frischkäse bestreichen und abwechselnd mit Salat, Schinken, Käse und Tomaten belegen.

TIPP: In der Gefriertruhe oder in geeigneten TK-Fächern kann das Brot, in Gefrierbeuteln verpackt, bis zu einigen Wochen gelagert werden. Wird das Brot in Scheiben geschnitten eingefroren, ist auch ein kurzfristiges Auftauen einzelner Scheiben im Toaster möglich.

Leichter Eiersalat

Für 2 Personen
Zubereitungszeit: 15 Minuten

- 4 Eier (Größe L)
- 200 g Cocktailtomaten
- 1 Bund Frühlingszwiebeln
- 200 g Hüttenkäse
- 100 g Joghurt (3,5 % Fett)
- 1 TL Senf
- Salz und Pfeffer nach Geschmack

1 Portion (ca. 430 g): 350 kcal, 31,9 g Eiweiß (37,4 E%), 18,8 g Fett (48,7 E%), 11,9 g Kohlenhydrate (14 E%)

01   Eier 8–10 Minuten hart kochen. Mit kaltem Wasser abschrecken und etwas abkühlen lassen.

02   Inzwischen die Tomaten waschen und halbieren. Die Frühlingszwiebeln waschen, putzen und in feine Ringe schneiden. Die Eier schälen und in Scheiben schneiden. Vorsichtig mit den Tomaten, den Lauchzwiebeln, Hüttenkäse und Joghurt vermischen. Mit Senf, Salz und Pfeffer abschmecken.

Leinsamenknusper mit Hüttenkäse und Früchten

Für 2 Personen (4 Scheiben)
Zubereitungszeit: 15 Minuten

Für das Leinsamenknusper:
- 30 g geschroteter Leinsamen
- 2 EL Haferkleie
- 6 EL Wasser
- 1 TL Rapsöl

Für den Belag:
- 100 g Hüttenkäse
- 100 g Pflaumen
- 100 g Himbeeren
- ½ Salatgurke

1 Portion (ca. 280 g): 230 kcal, 12,4 g Eiweiß (22,3 E%), 11,2 g Fett (45 E%), 18,1 g Kohlenhydrate (32,7 E%)

01   Backofen auf 180 °C (Umluft) vorheizen.

02   Für das Leinsamenknusper den Leinsamen, Haferkleie und Öl mit dem Wasser verrühren. Die Masse etwa 5 Minuten quellen lassen. Anschließend handgroße dünne Fladen auf ein Backblech mit Backpapier aufstreichen.

03   Die Knusperscheiben ca. 5–6 Minuten im Backofen (Mitte) goldbraun backen.

04   Zum Servieren die Knusperscheiben mit Hüttenkäse, Pflaumen, Himbeeren und Salatgurke belegen.

Mango-Kokos-Müsli

**Für 2 Personen
Zubereitungszeit: 10 Minuten**

- 1 Mango
- 200 g Tofu (natur)
- 50 ml Milch (1,5 % Fett)
- 2 EL Kokosflocken
- 150 g Himbeeren
- 80 g Layenberger LowCarb.one Protein-Müsli Schoko-Nuss
- 8 Minzblättchen

1 Portion (ca. 300 g): 385 kcal, 28,5 g Eiweiß (30,5 E%), 19,8 g Fett (48 E%), 20,1 g Kohlenhydrate (21,5 E%)

01   Mango schälen, vom Kern befreien und das Fruchtfleisch in Stücke schneiden. Tofu abtropfen lassen und grob zerbröckeln. Die Mangostücke zusammen mit dem Tofu, der Milch und den Kokosflocken mit einem Stabmixer fein pürieren.

02   Die Tofu-Frucht-Mousse, die Müsli-mischung und die Himbeeren schichtweise in Gläser einfüllen. Mit den Minzblättchen garnieren und servieren.

Schokopfannkuchen mit Himbeerquark

**Für 2 Personen
Zubereitungszeit: 15 Minuten**

- 2 Eier (Größe M)
- 1 EL Mandelmus
- 1 EL Kakaopulver
- 100 ml Vollmilch (3,5 % Fett)
- 20 g gemahlene Mandeln
- gemahlene Vanille
- 150 g Himbeeren
- 150 g Speisequark (20 % Fett)
- 1 TL Butter
- Salz

1 Portion (ca. 320 g): 345 kcal, 23,9 g Eiweiß (28,4 E%), 22,5 g Fett (59 E%), 10,7 g Kohlenhydrate (12,6 E%)

01   Die Eier mit dem Mandelmus und dem Kakaopulver verrühren. Nach und nach die Milch einrühren und die gemahlenen Mandeln dazugeben. Alles zusammen zu einem glatten Teig rühren. Mit Vanille und 1 Prise Salz würzen. 5 Minuten quellen lassen.

02   In der Zwischenzeit die Himbeeren verlesen und waschen. Den Quark nach Geschmack mit Vanille würzen und die Himbeeren unterziehen.

03   In einer heißen Pfanne mit Butter den Teig eingießen und nacheinander 2 Pfannkuchen ausbacken.

04   Anschließend die Pfannkuchen mit dem Himbeerquark servieren.

Müslibirne mit Mascarponecreme

Für 4 Personen
Zubereitungszeit: 25 Minuten

- 4 Birnen
- 1 Zitrone
- 40 g Butter
- 80 g Layenberger LowCarb.one
  Protein-Keks-Müsli Kaffee-Karamell
- 100 ml Milch (3,5 % Fett)
- 1 Ei (Größe L)
- ½ TL Johannisbrotkernmehl
- etwas Zimt
- 1 TL Birnendicksaft

Für die Mascarponecreme:
- 30 ml Sahne
- 150 g Mascarpone
- ¼ Vanilleschote (alternativ etwas
  Vanillepulver)
- 1 TL Birnendicksaft
- 200 g frische Johannisbeeren
- ½ Bund Minze

1 Portion (ca. 430 g): 465 kcal, 14,6 g Eiweiß (12,6 E%),
32,3 g Fett (62,2 E%), 28,1 g Kohlenhydrate (24,2 E%)

01   Backofen auf 180 °C (Umluft) vorheizen.

02   Die Birnen waschen und jeweils ein Viertel der Birne als Deckel abschneiden. Zunächst das Kerngehäuse und dann das Fruchtfleisch vorsichtig herausschneiden. Das Fruchtfleisch grob zerkleinern. Dabei sollte rundherum ein Rand von 1,5 cm stehen bleiben.

03   Zitrone halbieren und auspressen. Butter schmelzen. Die Birne innen mit Zitronensaft beträufeln und außen mit etwas geschmolzener Butter bepinseln.

04   Eine feuerfeste Form dünn mit Butter einfetten. Aus der restlichen zerlassenen Butter, dem Birnenfruchtfleisch, dem Müsli, der Milch, dem Ei und dem Johannisbrotkernmehl eine Masse herstellen. Diese mit Zimt und Birnendicksaft abschmecken. Anschließend die Masse in die Birnen füllen. Die gefüllten Birnen in die gefettete Form geben und im Backofen (Mitte) 20–25 Minuten backen. Die Birnen sind fertig, wenn das Fruchtfleisch weich ist.

05   Die Sahne steif schlagen und kühl stellen. Mascarpone und das ausgekratzte Mark der Vanilleschote in eine Schüssel geben und alles zusammen glatt rühren. Die Sahne vorsichtig unterheben und alles mit Birnendicksaft abschmecken.

06   Zum Servieren die Mascarponecreme zusammen mit der Birne und den Johannisbeeren auf Tellern anrichten und zum Schluss mit Minzblättchen garnieren.

Papaya-Mango-Joghurt mit Mandelsplittern

Für 2 Personen
Zubereitungszeit: 10 Minuten

- 400 g Joghurt (3,5 % Fett)
- 1 EL Honig
- 1 Vanilleschote
- 50 g Mandelsplitter
- ½ Papaya (ca. 150 g)
- 1 Mango
- 1 Blutorange

1 Portion (ca. 430 g): 385 kcal, 15,2 g Eiweiß (16,3 E%),
21,2 g Fett (50,1 E%), 31,4 g Kohlenhydrate (33,6 E%)

01   Den Joghurt mit ½ EL Honig cremig rühren. Das Vanillemark aus der Vanilleschote schaben und unter die Joghurtmasse rühren.

02   Mandelsplitter in einer Pfanne ohne Fett goldbraun anrösten.

03   Die halbe Papaya entkernen, schälen und das Fruchtfleisch anschließend in 2 cm große Würfel schneiden. Mango schälen, vom Kern befreien und ebenfalls in 2 cm große Würfel schneiden. Die Blutorange schälen und anschließend in 8 Scheiben schneiden. Den restlichen Honig in einer Pfanne erhitzen und die Orangenscheiben darin ca. 1–2 Minuten von beiden Seiten andünsten und dabei mit dem Honig überziehen.

04   Die Joghurtcreme in Schälchen geben, die Blutorangenscheiben darauf verteilen. Die Papaya-Mango-Stücke sowie die Mandelsplitter darüber geben und servieren.

Pfannkuchen mit Erdbeerquark

**Für 4 Personen
(2 Pfannkuchen pro Portion)
Zubereitungszeit: 20 Minuten**

- 3 Eier (Größe L)
- 275 g Speisequark (20 % Fett)
- ½ TL Backpulver
- Zimtpulver (nach Geschmack, etwa 1–1½ TL)
- 3 EL Eiweißpulver (Vanille)
- 1 Prise Salz
- 400 g Erdbeeren
- ¼ TL Vanillepulver

1 Portion (ca. 230 g): 220 kcal, 21,4 g Eiweiß (41 E%), 8,7 g Fett (36,7 E%), 11,7 g Kohlenhydrate (22,3 E%)

01 Backofen auf 160 °C (Umluft) vorheizen.

02 Die Eier trennen. Das Eigelb mit 75 g Quark, Backpulver, Zimt, Salz und Eiweißpulver verrühren.

03 Das Eiweiß steif schlagen und unter die Masse heben.

04 Diese in 10 Häufchen mit ausreichendem Abstand auf ein mit Backpapier ausgelegtes Backblech geben und im Backofen (Mitte) ca. 20 Minuten backen.

05 In der Zwischenzeit die Erdbeeren waschen, vom Strunk befreien und vierteln. Die Erdbeeren mit dem restlichen Quark vermengen und mit Vanillepulver verfeinern.

06 Zum Servieren die Pfannkuchen auf Tellern anrichten und den Erdbeerquark als Topping darauf verteilen.

TIPP: Die Pfannkuchen lassen sich geschmacklich variieren, indem Sie die Hälfte des Eiweißpulvers durch gemahlene Mandeln ersetzen.

Pikanter Bulgur-Müsli-Salat

Für 2 Personen
Zubereitungszeit: 15 Minuten

- 1 EL Olivenöl
- 40 g Bulgur
- 250 ml Gemüsebrühe
- 200 g Rhabarber
- 2 grüne Paprika
- 80 g Layenberger LowCarb.one
  Protein-Keks-Müsli Beeren-Trauben
- 4 EL Aceto balsamico (hell)
- 50 ml Wasser
- Salz und Pfeffer nach Geschmack

1 Portion (ca. 540 g): 365 kcal, 21,5 g Eiweiß (25,2 E%),
14,8 g Fett (39,4 E%), 30,1 g Kohlenhydrate (35,4 E%)

01   Öl in einer Pfanne erhitzen und den Bulgur darin ca. 3–4 Minuten anbraten. Mit Gemüsebrühe ablöschen. Anschließend ca. 15 Minuten leicht köcheln und ausquellen lassen.

02   In der Zwischenzeit den Rhabarber waschen, schälen und in 5 cm lange Stücke schneiden. Diese ca. 3–4 Minuten vor Ende der Garzeit des Bulgurs dazugeben und die Masse nach Ende der Zeit erkalten lassen.

03   Die Paprikaschoten halbieren, von Strunk und Kernen befreien, waschen und in 1 cm große Würfel schneiden. Die Paprikawürfel und die Müslimischung unter den Bulgur-Rhabarber-Salat mischen und mit Balsamicoessig, Wasser, Salz und Pfeffer marinieren.

04   Zum Servieren den Salat in tiefen Tellern anrichten.

Quarkmuffins mit Pflaumen

Für 2 Personen
Zubereitungszeit: 50 Minuten

- 200 g Speisequark (20 % Fett)
- 180 g Pflaumen (Abtropfgewicht, ungesüßt)
- 2 TL Eiweißpulver (Vanille)
- ½ TL Johannisbrotkernmehl
- 1 Ei (Größe L)
- 1 Prise Salz
- 1 TL Birnendicksaft
- 1 Eiweiß (von 1 Ei Größe L)
- 1 EL gemahlene Mandeln

1 Portion (ca. 260 g): 280 kcal, 28,1 g Eiweiß (41,3 E%), 11 g Fett (35,8 E%), 15,6 g Kohlenhydrate (22,9 E%)

01 Backofen auf 180 °C (Umluft) vorheizen.

02 Den Quark auf ein Geschirrtuch geben und vorsichtig auspressen.

03 Die Pflaumen in einem Sieb abtropfen lassen und den Saft auffangen. Die Pflaumen in feine Streifen schneiden. Das Eiweißpulver mit dem Johannisbrotkernmehl mischen.

04 Ei mit Salz und dem Birnendicksaft cremig rühren. Den Quark unterheben und zusammen mit der Eiweißmischung zu einem glatten Teig verrühren. Diesen gleichmäßig auf 4 Muffinförmchen verteilen.

05 Das Eiweiß sehr steif schlagen. Die Mandeln unterheben. Die abgetropften Pflaumenstreifen auf die Muffins verteilen und abschließend den Mandel-Eiweiß-Schaum daraufgeben.

06 Im Backofen (untere Schiene) ca. 20–25 Minuten backen. Anschließend 15 Minuten erkalten lassen, aus den Förmchen lösen und servieren.

TIPP: Den aufgefangenen Pflaumensaft können Sie mit 100 g Magerjoghurt mischen und als Drink servieren.

Rosa Frischkäsecreme

Für 2 Personen
Zubereitungszeit: 10 Minuten

- 250 g Frischkäse (20 % Fett)
- 100 ml Milch (3,5 % Fett)
- 1 TL Erythrit
- 50 ml roter Traubensaft
- Saft von 1 Zitrone
- 250 g frische Pfirsiche
- 30 g Cashewnüsse
- 30 g Kokosraspel
- 10 g Pistazien (ohne Salz)

1 Portion (ca. 355 g): 430 kcal, 22 g Eiweiß (21,2 E%), 25,2 g Fett (56,6 E%), 26,2 g Kohlenhydrate (25,2 E%), 2,5 g Zuckeralkohol

01 Frischkäse mit Milch, Erythrit, Traubensaft und Zitronensaft zu einer cremigen Masse verrühren.

02 Die Pfirsiche unter fließendem Wasser waschen, halbieren, entkernen und das Fruchtfleisch anschließend in kleine Würfel schneiden. Cashewnüsse und Kokosraspel unter die Pfirsichwürfel mengen.

03 Im Wechsel Frischkäse und die Pfirsichmischung in Gläser schichten.

04 Pistazien fein hacken.

05 Die Frischkäsecreme vor dem Servieren mit den gehackten Pistazien dekorieren.

Rosinenbrötchen

Für 2 Personen (ergibt 4 Brötchen)
Zubereitungszeit: 40 Minuten

- 2 EL blanchierte gemahlene Mandel
- 1 TL Eiweißpulver (neutral)
- ½ TL Backpulver
- ½ TL Johannisbrotkernmehl
- 20 g Rosinen
- 3 Eier (Größe L)
- 1 Prise Salz
- 200 g Speisequark (Magerstufe)
- ein paar Tropfen Stevia nach Geschmack

1 Portion (ca. 225 g): 305 kcal, 30,3 g Eiweiß (40,6 E%), 14,8 g Fett (43,8 E%), 11,7 g Kohlenhydrate (15,6 E%)

01 Backofen auf 180 °C (Umluft 160 °C) vorheizen. Ein Backblech mit Backpapier belegen.

02 Mandeln, Eiweißpulver, Backpulver und Johannisbrotkernmehl mischen. Die Rosinen halbieren und untermischen. Eier, Salz, Quark und bei Bedarf 3 Tropfen Stevia verquirlen. Unter Rühren die Mandelmischung zugeben und alles zu einem glatten Teig verkneten.

03 Aus dem Teig vier gleich große Brötchen formen und auf das Backblech setzen.

04 Im Backofen (Mitte) 15–20 Minuten backen. Anschließend auskühlen lassen.

TIPP: Als Belag eignet sich ein mit Haselnussmus und Zimt verfeinerter Quark.

Rustikales Bauernfrühstück

Für 2 Personen
Zubereitungszeit: 15 Minuten

- 250 g Petersilienwurzel
- 1 rote Zwiebel
- 4 Eier (Größe L)
- 4 EL Milch (3,5 % Fett)
- 1 EL Rapsöl
- 50 g Frühstücksspeck
- 2 Scheiben gekochter Schinken
- 2 Gewürzgurken
- ½ Bund frischer Schnittlauch
- Salz und Pfeffer nach Geschmack

1 Portion (ca. 345 g): 465 kcal, 25,5 g Eiweiß (22,1 E%), 35,5 g Fett (68 E%), 11,4 g Kohlenhydrate (9,9 E%)

01 Die Petersilienwurzel schälen und in ½ cm dicke Scheiben schneiden. Die Zwiebel schälen und fein würfeln.

02 Eier, Milch, Salz und Pfeffer verquirlen.

03 Das Öl in einer beschichteten Pfanne erhitzen. Petersilienwurzel und Zwiebeln darin bei mittlerer Hitze 2–3 Minuten anbraten.

04 Speck und gekochten Schinken in Streifen schneiden und 2 Minuten mitbraten. Das Ganze mit Salz und Pfeffer würzen.

05 Die Mischung gleichmäßig in der Pfanne verteilen. Die verquirlten Eier darübergießen und bei schwacher Hitze stocken lassen.

06 Die Gewürzgurken in Streifen schneiden. Schnittlauch waschen, trocken schütteln und in feine Röllchen schneiden.

07 Vor dem Servieren die Gewürzgurken und den Schnittlauch auf dem Bauernfrühstück verteilen.

Schnelles Zucchinigratin

Für 2 Personen
Zubereitungszeit: 25 Minuten

- 400 g Zucchini
- 150 g Mozzarella
- 1 Bund Frühlingszwiebeln
- 2 g Oregano (getrocknet)
- 150 g stückige Tomaten (Dose)
- 80 g Schmand
- ½ Bund frischer Basilikum
- Muskat, Salz und Pfeffer nach Geschmack

1 Portion (ca. 400 g): 405 kcal, 18,9 g Eiweiß (18,9 E%), 32,5 g Fett (72,1 E%), 8,9 g Kohlenhydrate (9 E%)

01 Den Backofen auf 180°C (Umluft) vorheizen.

02 Zucchini nach Abschneiden der Enden waschen und längs in ca. 1 cm dicke Scheiben schneiden. Den Mozzarella ebenfalls in 1 cm dicke Scheiben schneiden.

03 Frühlingszwiebeln waschen, trocken schütteln, in feine Röllchen schneiden und zusammen mit dem Oregano, einer Prise Salz und etwas Pfeffer in die stückigen Tomaten einrühren.

04 In eine Auflaufform abwechselnd eine Lage Zucchini, stückige Tomaten und Mozzarella schichten. Dabei jede Schicht mit Muskat, Salz und Pfeffer würzen und die letzte Schicht mit Schmand bestreichen.

05 Das Gratin im Ofen (Mitte) ca. 12–15 Minuten überbacken.

06 In der Zwischenzeit den Basilikum waschen und die Blätter abzupfen.

07 Das Gratin portionieren, auf Tellern anrichten und mit Basilikum garnieren.

Zucchinimuffins

Für 2 Personen
Zubereitungszeit: 45 Minuten

- 300 g Zucchini
- 50 g gemahlene Mandeln
- ½ TL Backpulver
- 1 TL Johannisbrotkernmehl
- 1 Eiweiß (von 1 Ei Größe L)
- 1 Prise Salz
- 1 Ei (Größe L)
- 1 Vanillestange
- 1 TL Apfeldicksaft
- 20 g Butter
- 30 g Apfel-Birnen-Mark (ungesüßt)
- 10 g Eiweißpulver (neutraler Geschmack)
- 4 Muffinförmchen

1 Portion (ca. 260 g): 345 kcal, 18,9 g Eiweiß (22,2 E%), 25,1 g Fett (65,4 E%), 10,5 g Kohlenhydrate (12,4 E%)

01 Backofen auf 180 °C (Umluft) vorheizen.

02 Zucchini waschen, nach dem Abschneiden der Enden längs halbieren, die Kerne entfernen und die Zucchini fein raspeln.

03 Mandeln, Backpulver und Johannisbrotkernmehl mischen. Das Eiweiß mit Salz steif schlagen.

04 Das ganze Ei zusammen mit dem ausgekratzten Vanillemark, Apfeldicksaft, Butter und Apfel-Birnen-Mark schaumig rühren. Nach und nach das Eiweißpulver zugeben und zusammen mit der Mandelmischung zu einem glatten Teig verrühren. Den Eischnee vorsichtig unterheben.

05 Die Zucchiniraspel in die Muffinförmchen verteilen und mit dem Teig bedecken.

06 Im Backofen (mittlere Schiene) ca. 18–22 Minuten backen. Anschließend 15 Minuten erkalten lassen, aus den Förmchen nehmen und servieren.

LOGI-Methode

Gesundheit

Glücklich und schlank.
Mit viel Eiweiß und dem richtigen Fett.
Das komplette LOGI-Basiswissen.
Mit umfangreichem Rezeptteil.
Dr. Nicolai Worm
978-3-942772-96-9 **19,99 €**

Das große LOGI-Kochbuch.
120 raffinierte Rezepte zur Ernährungsrevolution von Dr. Nicolai Worm.
Mit exklusiven LOGI-Kompositionen der Spitzenköche Alfons Schuhbeck, Vincent Klink, Ralf Zacherl, Christian Henze und Andreas Gerlach.
Franca Mangiameli
978-3-942772-79-2 **19,99 €**

Das neue große LOGI-Kochbuch.
120 neue Rezepte – auch für Desserts, Backwaren und vegetarische Küche.
Jede Menge LOGI-Tricks und die klügsten Alternativen zu Pizza, Pommes und Pasta.
Franca Mangiameli | Heike Lemberger
978-3-942772-88-4 **19,99 €**

**Abnehmen lernen.
In nur zehn Wochen!**
Das intelligente LOGI-Power-Programm zur dauerhaften Gewichtsreduktion.
Mit diesem Tagebuch werden Sie Ihr eigener LOGI-Coach!
Heike Lemberger
Franca Mangiameli
978-3-942772-59-4 ~~18,99 €~~ **15,99 €**

Das große LOGI-Back- und Dessertbuch.
Über 100 raffinierte Dessertrezepte, die Sie niemals für möglich gehalten hätten. So macht Leben nach LOGI noch mehr Spaß!
Mit ausführlichem Stevia-Extrakapitel.
Franca Mangiameli | Heike Lemberger
978-3-927372-66-5 **19,95 €**

Das große LOGI-Grillbuch.
120 heiß geliebte Grillrezepte rund um Gemüse, Fisch und Fleisch.
Ein Fest für LOGI-Freunde.
Heike Lemberger
Franca Mangiameli
978-3-942772-12-9 ~~18,00 €~~ **15,99 €**

Das große LOGI-Fischkochbuch.
Köstliche Gerichte mit Fisch und Meeresfrüchten aus heimischen Gewässern und aus aller Welt.
S. Thiel | A. Fischer
978-3-942772-07-5 ~~19,00 €~~ **15,99 €**

Vegetarisch kochen mit der LOGI-Methode.
LOGI ohne Fisch und Fleisch? Na klar! 80 innovative und kreative LOGI-Veggie-Rezepte. Wenige Kohlenhydrate – glutenfrei! Mit vielen veganen Rezeptalternativen.
Susanne Thiel | Dr. Nicolai Worm
978-3-942772-89-1 **19,99 €**

 NEU

LOGI. Das Buch.
Das Beste aus 15 Jahren LOGI. 300 Rezepte, Theorie und Tipps.
978-3-95814-026-4 **30,00 €**

Eiweiß-Guide.
Tabellen mit über 500 Lebensmitteln bewertet nach ihrem Eiweißgehalt und ausgewählten Aminosäuren.
Franca Mangiameli | Heike Lemberger
Dr. Nicolai Worm
978-3-942772-64-8 **9,99 €**

Fett Guide.
Wie viel Fett ist gesund? Welches Fett wofür? Tabellen mit über 500 Lebensmitteln, bewertet nach ihrem Fettgehalt und ihrer Fettqualität.
Heike Lemberger | Ulrike Gonder
Dr. Nicolai Worm
978-3-942772-09-9 ~~9,99 €~~ **7,49 €**

LOGI-Guide.
Tabellen mit über 500 Lebensmitteln, bewertet nach ihrem glykämischen Index und ihrer glykämischen Last.
Franca Mangiameli
Dr. Nicolai Worm | Andra Knauer
978-3-942772-02-0 **6,99 €**

Die LOGI-Kochkarten.
Die besten LOGI-Rezepte.
Einfallsreich, einfach, preiswert.
978-3-942772-54-9 **12,99 €**

Das große LOGI-Familienkochbuch.
Die LOGI-Ernährungsmethode für die ganze Familie in Theorie und Praxis.
Mit 100 tollen Rezepten, die auch Kindern schmecken.
Marianne Botta | Dr. Nicolai Worm
978-3-95814-016-5 **19,99 €**

Der LOGI-Muskel-Coach.
Die ultimative Sporternährung für Muskelaufbau und Ausdauertraining.
Dr. Torsten Albers | Dr. Nicolai Worm
Kirsten Segler
978-3-927372-13-6 **19,99 €**

**Mehr vom Sport!
Low-Carb und LOGI in der Sporternährung.**
Unter Mitwirkung zahlreicher Spitzensportler: Boxweltmeister Felix Sturm, Schwimmprofi Mark Warnecke, Leichtathlet Danny Ecker und viele mehr.
Clifford Opoku-Afari | Dr. Nicolai Worm
Heike Lemberger
978-3-927372-41-2 **19,95 €**

LOGI und Low Carb in der Sporternährung.
Glykämischer Index und glykämische Last – Einfluss auf Gesundheit und körperliche Leistungsfähigkeit.
Jan Prinzhausen
978-3-927372-30-6 **24,90 €**

Bauch, Beine, Po – das LOGI-Workout für Frauen. (DVD)
Inklusive ausführlichem Booklet.
M. Maier | Dr. N. Worm
978-3-927372-98-6 ~~11,99 €~~ **8,99 €**

#POWERFÜRDICH. (DVD)
Trainiert, schlank & sexy.
Das 12-Wochen-Programm von Promi-Trainer Cliff.
Clifford Opoku-Afari
978-3-95814-010-3 **14,99 €**

LOGI im Alltag, in der Praxis und in der Klinik.
Andra Knauer
978-3-942772-31-0 ~~8,99 €~~ **6,99 €**

Die LOGI-Jubiläumsbox.
10 erfolgreiche, glückliche und schlanke Jahre mit der LOGI-Methode.
Enthält DIE drei Standardwerke rund um die LOGI-Methode zum Jubiläumspreis.
· Glücklich und schlank.
· Das große LOGI-Kochbuch.
· Das neue große LOGI-Kochbuch.
Dr. Nicolai Worm | Franca Mangiameli
Heike Lemberger
978-3-927372-68-9 **50,00 €**
(erhältlich solange der Vorrat reicht)

Noch mehr LOGI.
Die LOGI-Fisch-, -Back- und -Grillbox.
Über 400 raffinierte Rezepte.
Die Box beinhaltet:
· das große LOGI-Fischkochbuch
· das große LOGI-Grillbuch,
· das große LOGI-Back- und -Dessertbuch
Heike Lemberger | Franca Mangiameli
Susanne Thiel | Jana Fischer
978-3-942772-48-8 **45,00 €**
(erhältlich solange der Vorrat reicht)

LOGI durch den Tag.
Kombinieren Sie Ihren LOGI-Abnehmplan aus 50 Frühstücken, 50 Mittagessen und 50 Abendessen. Maximale Sättigung mit weniger als 1.600 Kalorien und 80 Gramm Kohlenhydraten pro Tag!
Franca Mangiameli
978-3-95814-007-3 **24,99 €**

Das LOGI-Menü.
Logisch kombiniert: 50 Vorspeisen, 50 Hauptgerichte, 50 Desserts.
Franca Mangiameli
978-3-95814-006-6 **24,99 €**

Die LOGI-Akademie.
LOGI lehren – LOGI verstehen.
Ein Leitfaden zur Patientenschulung und zum Selbststudium.
Franca Mangiameli
978-3-927372-59-7 ~~40,00 €~~ **34,99 €**

**Syndrom X oder
Ein Mammut auf dem Teller!**
Mit Steinzeitdiät aus der Wohlstandsfalle.
Dr. Nicolai Worm
978-3-927372-23-8 **19,90 €**

Heilkraft D.
Wie das Sonnenvitamin vor Herzinfarkt, Krebs und anderen Zivilisationskrankheiten schützt.
Dr. Nicolai Worm
978-3-927372-47-4 **15,95 €**

Die Schlafmangel-Fett-Falle.
… wie Sie trotzdem gesund und schlank bleiben.
Dr. Nicolai Worm
978-3-927372-94-8 ~~14,95 €~~ **4,99 €**

Das Fastenbuch.
Die besten Fastenkuren für jeden Typ.
Anna Cavelius
978-3-927372-85-6 **19,99 €**

 NEU

Vegan Detoxfasten.
Das 7-Tage-Programm zur Regulation des Säure-Basen-Haushaltes.
Anna Cavelius
978-3-942772-97-6 **8,99 €**

Endlich schlank ohne Diät.
Erfolgreich abnehmen ohne Jo-Jo-Effekt und Kalorienzählen – nach dem LOGI-Erfolgsprinzip von Dr. Nicolai Worm.
Anna Cavelius
978-3-942772-10-5 ~~9,99 €~~ **7,49 €**

systemed Küchenratgeber

Low-Carb – Low-Budget.
Kohlenhydratbilanzierte Küche
für den kleinen Geldbeutel.
Wolfgang Link | Dr. med. Jürgen Voll
978-3-942772-65-5 **8,99 €**

Low-Carb unterwegs.
40 Rezepte für die Reise und zum
Mitnehmen.
Franca Mangiameli | Heike Lemberger
978-3-942772-66-2 **8,99 €**

Low-Carb vegan.
40 Rezepte ohne tierische Lebensmittel.
Franca Mangiameli | Heike Lemberger
978-3-942772-68-6 **8,99 €**

Low-Carb in 15 Minuten.
40 »leichte« Schnellrezepte zum Genießen.
Wolfgang Link
978-3-942772-75-4 **8,99 €**

Low-Carb-Powerwoche.
In 7 Tagen Vitalität gewinnen und
Gewicht verlieren.
Wolfgang Link | Dr. med. Jürgen Voll
978-3-942772-87-7 **8,99 €**

**Low-Carb in der
Schwangerschaft.**
Gesundheit mit wenig Kohlenhydraten
für Mutter und Baby.
Annett Schmittendorf
978-3-942772-72-3 **8,99 €**

Low-Carb-Nudelküche.
40 köstliche echte Pastarezepte mit wenig
Kohlenhydraten.
Wolfgang Link
978-3-95814-047-9 **8,99 €**

Low-Carb für Sportler.
30 kohlenhydratreduzierte Gerichte für
den Sportler.
Wolfgang Link | Dr. med. Jürgen Voll
978-3-942772-91-4 **8,99 €**

Low-Carb-Desserts.
40 Desserts mit wenig Kohlenhydraten.
Wolfgang Link
978-3-942772-95-2 **8,99 €**

Low-Carb-Pfannengerichte.
40 Rezepte für die schnelle Pfanne mit
wenig Kohlenhydraten.
Wolfgang Link
978-3-942772-93-8 **8,99 €**

**Low-Carb bei Nahrungsmittel-
unverträglichkeit.**
30 Rezepte bei Laktoseintoleranz/
Fruktoseintoleranz/Zöliakie.
W. Link | Dr. med. J. Voll **4,99 €**
978-3-942772-74-7 ~~9,99 €~~

Low-Carb vegetarisch.
40 vegetarische Rezepte
ohne Fisch und Fleisch.
Wolfgang Link
978-3-95814-005-9 **8,99 €**

Low-Carb-Suppen.
40 Suppen und Eintöpfe zum einfachen
Nachkochen.
Manuela Oehninger Suter
978-3-95814-004-2 **8,99 €**

Low-Carb für Einsteiger.
32 einfache Rezepte für den Start in eine
kohlenhydratarme Ernährung.
Manuela Oehninger Suter
978-3-95814-048-6 **8,99 €**

Low-Carb kalte Küche.
40 kohlenhydratarme Rezepte
ohne zu kochen.
Manuela Oehninger Suter
978-3-95814-021-9 **8,99 €**

Low-Carb-Aufläufe.
40 kohlenhydratarme Rezepte aus dem
Ofen & Wissenswertes zu Auflaufformen.
Wolfgang Link
978-3-95814-022-6 **8,99 €**

Low-Carb-Backen für den Alltag.
22 kohlenhydratarme, einfache und 100%
funktionierende Rezepte für Kuchen und Kekse.
Beate Strecker
978-3-95814-033-2 **8,99 €**

Low-Carb für den Hund.
Artgerechte Hundeernährung mit wenig
Kohlenhydraten – Wissen, Tipps und Rezepte.
Ursula Bien
978-3-95814-011-0 **8,99 €**

Low-Carb für Diabetiker.
30 kohlenhydratarme Rezepte zur
Blutzuckerregulation.
Wolfgang Link | Dr. Jürgen Voll
978-3-95814-045-5 **8,99 €**

Low-Carb-Frühstück.
40 abwechslungsreiche Frühstücksideen
mit wenig Kohlenhydraten.
Wolfgang Link
978-3-95814-046-2 **8,99 €**

Ketogene Ernährung

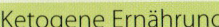

**Krebszellen lieben Zucker –
Patienten brauchen Fett.**
Gezielt essen für mehr Kraft und
Lebensqualität bei Krebserkrankungen.
Prof. Ulrike Kämmerer
Dr. Christina Schlatterer | Dr. Gerd Knoll
978-3-927372-90-0 **24,99 €**

Ketogene Ernährung bei Krebs.
Die besten Lebensmittel bei
Tumorerkrankungen.
Prof. Ulrike Kämmerer
Dr. Christina Schlatterer | Dr. Gerd Knoll
978-3-95814-037-0 **14,99 €**

**KetoKüche für Einsteiger:
Rezepte & Kraftshakes.**
50 ketogene Rezepte, die schmecken.
Dorothee Stuth | Ulrike Gonder
978-3-942772-42-6 **14,99 €**

KetoKüche zum Genießen.
Mit gesunden Gewürzen und Kokosnuss.
Über 100 ketogene Rezepte für Genießer.
Bettina Matthaei | Ulrike Gonder
978-3-942772-44-0 **19,99 €**

KetoKüche mediterran.
90 kohlenhydratarme Gerichte rund um
das Mittelmeer.
Bettina Matthaei
978-3-95814-044-8 **19,99 €**

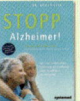

Stopp Alzheimer!
Wie Demenz vermieden und behandelt
werden kann.
Dr. Bruce Fife
978-3-942772-86-0 **20,00 €** ~~24,99 €~~

**Stopp Alzheimer!
Praxisbuch.**
Wie Demenz vermieden und behandelt
werden kann. Mit zahlreichen Rezepten,
Mental-Test sowie Warenkunde und
Kohlenhydrattabellen.
Dr. Bruce Fife
978-3-942772-27-3 **12,99 €**

KetoKüche kennenlernen.
Die ketogene Ernährung in Theorie
und Praxis.
Ulrike Gonder | Anja Leitz
978-3-942772-80-8 **8,99 €**

**Praxisbroschüre
Rezepte zur Unterstützung
einer ketogenen Ernährung
für Krebspatienten.**
Prof. Ulrike Kämmerer | Nadja Pfetzer
(erhältlich nur beim Verlag) **6,90 €**

Das Beste aus der Kokosnuss.
Natives Bio-Kokosöl und Bio-Kokosmehl.
Ulrike Gonder
978-3-942772-56-3 **4,99 €**

Kokosöl (nicht nur) fürs Hirn!
Wie das Fett der Kokosnuss helfen kann,
gesund zu bleiben und das Gehirn
vor Alzheimer und anderen Schäden zu
schützen.
Ulrike Gonder
978-3-942772-38-9 **5,99 €**

Positives über Fette und Öle.
Warum gute Fette und Öle so wichtig für
uns sind.
Ulrike Gonder
978-3-942772-57-0 **4,99 €**

Alle 3 Bücher im Paket
978-3-942772-55-6 **12,00 €**

Das angesagte,
neue Ernährungs-
thema im
systemed Verlag:
Gezielt essen bei
Krebserkrankungen,
Alzheimer und
Demenz mit keto-
gener Ernährung.

Pur – weiß – tödlich.
Warum der Zucker uns umbringt – und wie wir das verhindern können.
Prof. John Yudkin | Prof. Robert Lustig
14,99 €
978-3-942772-41-9

Kräuter & Gewürze als Medizin.
Gesund und schlank mit Vitalkräften aus der Apotheke der Natur.
Klaus Oberbeil
15,00 € ~~19,95 €~~
978-3-942772-92-1

Fit mit 100.
Jung bleiben, länger leben.
- Ein Leben lang schlank & glücklich.
- Programme für Körper und Seele.
- 100 wertvolle Ernährungstipps.
Klaus Oberbeil
14,99 €
978-3-927372-93-1

Warum Fische nie dick werden.
Jung & schlank mit Meeresfrüchten, Omega-3-Fettsäuren, Algen und Jod.
Klaus Oberbeil | Patrick Coudert
9,99 €
978-3-942772-71-6

Yes, I can!
Erfolgreich schlank in 365 Schritten.
Dr. Ilona Bürgel
4,99 € ~~15,00 €~~
978-3-927372-51-1

Das Myoreflexkonzept.
Schmerzfrei mit aktiven Muskeln.
Dr. med. E. Jörg | P. Kensok
13,99 € ~~19,99 €~~
978-3-942772-49-5

Gesund durch Stress!
Wer reizvoll lebt, bleibt länger jung!
Hans-Jürgen Richter
Dr. Peter Heilmeyer
4,99 € ~~15,95 €~~
978-3-927372-42-9

NEU

Happy-Hippie-Cooking Ibiza.
72 Rezepte, die auf Konventionen pfeifen. Love & Peace an der Pfanne.
Elke Clörs
19,99 €
978-3-95814-025-7

Ich habe so lange auf Dich gewartet!
Der lange Weg durch die Kinderwunschtherapie. Ein Tagebuch – ärztlich kommentiert und ergänzt – über Hoffnungen, Misserfolge, Wegbegleiter und das Wunschkind.
Prof. M. Ludwig | Maileen L.
9,59 € ~~15,99 €~~
978-3-942772-11-2

Mut zur Trennung.
Plädoyer für eine mutige und produktive Entscheidung – Kinder brauchen Aufrichtigkeit.
Jutta Martha Beiner
9,59 € ~~15,99 €~~
978-3-942772-47-1

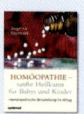

Homöopathie – sanfte Heilkunst für Babys und Kinder.
Homöopathische Behandlung im Alltag.
Angelika Szymczak
5,99 € ~~15,95 €~~
978-3-927372-49-8

MEHR FETT!
BEST-SELLER

Mehr Fett!
Warum wir mehr Fett brauchen, um gesund und schlank zu sein.
U. Gonder | Dr. N. Worm
13,99 € ~~19,95 €~~
978-3-942772-54-2

Menschenstopfleber.
Die verharmloste Volkskrankheit Fettleber.
Dr. Nicolai Worm
19,99 €
978-3-927372-78-8

Volkskrankheit Fettleber.
Verkannt – verharmlost – heilbar.
Dr. Nicolai Worm | Kirsten Segler
16,99 €
978-3-942772-78-5

BEST-SELLER

Stopp Diabetes!
Raus aus der Insulinfalle mit der LOGI-Methode.
Katja Richert | Ulrike Gonder
16,95 €
978-3-942772-56-6

Stopp Diabetes! Praxisbuch.
Ernährungs- und Bewegungspläne. LOGI-Methode.
Ein besseres Leben mit Diabetes.
Katja Richert
16,99 €
978-3-942772-08-2

Allergien vorbeugen.
Schwangerschaft und Säuglingsalter sind entscheidend!
Dr. I. Reese | Chr. Schäfer
9,99 € ~~14,95 €~~
978-3-927372-50-4

Campus Food.
Vegane Studentenküche.
Anne Bühring | Kurt-Michael Westermann
12,00 €
978-3-942772-21-1

Ethisch Essen mit Fleisch.
Eine Streitschrift über nachhaltige und ethische Ernährung mit Fleisch und die Missverständnisse und Risiken einer streng vegetarischen und veganen Lebensweise.
Lierre Keith | Ulrike Gonder
14,99 €
978-3-927372-87-0

Gute Kohlenhyrate – schlechte Kohlenhydrate.
Pfunde verlieren und Energie tanken.
Barbara Plaschka | Petra Linné
12,95 €
978-3-927372-81-8

66 Ernährungsfallen … und wie sie mit Low-Carb zu vermeiden sind.
- in typischen Alltagssituationen
- für Büro und Freizeit
- mit Einkaufsführer im Supermarkt
- mit ausführlichem Restaurant-Guide
Barbara Plaschka | Petra Linné
15,95 €
978-3-927372-55-9

LOW CARB für Männer

Low-Carb für Männer. Ein Mann – (k)ein Bauch.
Jetzt noch übersichtlicher – mit komplett überarbeiteter Kohlenhydrattabelle zum Nachschlagen.
Barbara Plaschka | Petra Linné
15,99 €
978-3-942772-52-5

Köstlich kochen mit Tee.
Einfache und inspirierende Rezepte.
Tanja Bischof | Harry Bischof
4,99 € ~~8,95 €~~
978-3-942772-76-1

nur als eBOOK

Schwer verdaulich.
Wie uns die Ernährungsindustrie mästet und krank macht.
Pierre Weill
epub: 978-3-95814-060-8
pdf: 978-3-95814-061-5
8,99 €

Das Kohlenhydratkartell.
Über die Diätkatastrophe, die finsteren Machenschaften der Zuckerlobby und Wege aus dem Diätendschungel.
Clifford Opoku-Afari
12,95 €
978-3-942772-39-6

NEU

Jod. Schlüssel zur Gesundheit.
Wiederentdeckung eines Heilmittels. Neue Power für Ihre Körperzellen.
Kyra Hoffmann | Sascha Kauffmann
12,99 €
978-3-95814-017-2

BVB NEU
Entscheidend ist auf'm Teller!

Entscheidend ist auf'm Teller!
Das BVB-Prinzip für optimale Fitness und maximale Energie.
Frank Fligge | Jola Jaromin-Bowe
19,99 €
978-3-95814-040-0

DER PALEO-CODE

Der Paleo-Code.
Das Steinzeit-Programm.
Romy Dollé
19,99 €
978-3-927372-86-3

PALEO-GUIDE.
NEU

Paleo-Guide.
Kompaktes Basiswissen, Tabellen und praktische Tipps zum leichten Einstieg in ein Leben im Einklang mit den Genen.
Susanne Bader
7,99 €
978-3-95814-036-3

FRÜCHTE-WAMPE

Früchtewampe.
Warum Obst und Gemüse dick machen!
Romy Dollé
19,99 €
978-3-942772-83-9

Iss einfach gut.
Das Prinzip Nahrungskette – einfach und pragmatisch erklärt vom Koch der Deutschen Fußballnationalmannschaft.

In Hardcover-Luxusausführung mit Moleskine Gummi und Saisonkalender als DIN-A3-Poster
Holger Stromberg
14,99 €
978-3-942772-50-1

LOGI LOW CARB LIFE
NEU

Low-Carb your life.
Die Lieblingsrezepte aus seiner erfolgreichen Ratgeberreihe rund um den gesunden Lebensstil.
Wolfgang Link
19,99 €
978-3-95814-027-1

Bestellen Sie direkt beim Verlag. Versandkostenfreie Lieferung. Alle bereits erschienenen Bücher sind sofort lieferbar. Mehr Infos zum Programm, zu den Autoren und zu weiteren Neuerscheinungen finden Sie auf www.systemed.de

Yoga & Achtsamkeit

Das Hatha Yoga Praxisbuch.
Für Einsteiger und Fortgeschrittene.
Marcel Anders-Hoepgen
978-3-95814-035-6 **29,99 €**

**Sampoorna
Hatha Yoga Stunde.** (DVD)
Stufe 1
Marcel Anders-Hoepgen
978-3-927372-64-1 **17,95 €**

**Sampoorna
Hatha Yoga Stunde.** (CD)
Stufe 1
Marcel Anders-Hoepgen
978-3-927372-65-8 **9,79 €** ~~14,95 €~~

**Sampoorna
Hatha Yoga Stunde.** (DVD)
Leichte Mittelstufe
Schwerpunkt: Dehnung der Hüften
Marcel Anders-Hoepgen
978-3-942772-04-4 **17,95 €**

Hatha Yoga Stunde. (DVD)
Leichte Mittelstufe
Schwerpunkt: Kraftaufbau
Marcel Anders-Hoepgen
978-3-927372-84-9 **17,99 €**

Hebammen Yoga.
Übungen zur Geburtsvorbereitung
und Rückbildung. Inkl. Mantra-Audio-CD.
Marcel Anders-Hoepgen
978-3-927372-99-3 **5,99 €** ~~19,99 €~~

Hebammen Yoga. (Doppel-DVD)
Übungen zur Geburtsvorbereitung und
Rückbildung.
Marcel Anders-Hoepgen
978-3-942772-03-7 **16,95 €**

Yoga von Kopf bis Fuß.
5-Minuten-Übungen aus
dem Sampoorna Hatha Yoga.
Die Box beinhaltet:
· Augenentspannung (CD)
· Gleichgewicht (CD)
· Oberen Rücken stärken (CD)
· Unteren Rücken stärken (CD)
· Bauchmuskulatur stärken (CD)
Marcel Anders-Hoepgen
978-3-942772-45-7 **15,00 €** ~~30,00 €~~
(erhältlich solange der Vorrat reicht)

Nada-Yoga-Musik-Reihe.
Marcel Anders-Hoepgen
Eternal OM (CD)
978-3-942772-16-7 **9,99 €**
Shanti (CD)
978-3-942772-29-7 **9,99 €**
Runterkommen (CD)
978-3-942772-17-4 **9,99 €**
Gelassenheit (CD)
978-3-942772-15-0 **9,99 €**

Marcel Anders-Hoepgen
Besser schlafen. (CD)
Entspannung für die Nacht.
978-3-942772-25-9 **9,99 €**
Gut schlafen. (CD)
Entspannung für die Nacht.
978-3-927372-62-7 **9,95 €**
Kraft tanken. (CD)
Entspannung für den Tag.
978-3-927372-61-0 **7,99 €**

Marcel Anders-Hoepgen
Augenentspannung (CD)
978-3-927372-71-9 **8,95 €**
Gleichgewicht (CD)
978-3-927372-72-6 **8,95 €**
Oberen Rücken stärken (CD)
978-3-927372-73-3 **8,95 €**
Unteren Rücken stärken (CD)
978-3-927372-74-0 **8,95 €**
Bauchmuskulatur stärken (CD)
978-3-927372-75-7 **8,95 €**

Die Yogi-Methode.
30-Tage-Challenge zur achtsamen
Ernährung.
Vegan – ayurvedisch – yogisch.
Marcel Anders-Hoepgen
978-3-942772-69-3 **19,99 €**

Yoga: Jeden Tag neu!
Über 100.000 mögliche Kombinationen
für Übungseinheiten à 5 bis 10 Minuten.
Marcel Anders-Hoepgen
978-3-927372-69-6 **13,99 €** ~~29,00 €~~

Sonnengruß, Teil 1. (DVD + CD)
Das perfekte Workout.
Marcel Anders-Hoepgen
978-3-927372-77-1 **9,99 €** ~~18,95 €~~

Sonnengruß, Teil 2. (DVD + CD)
Der perfekte Stressabbau.
Marcel Anders-Hoepgen
978-3-927372-97-9 **9,99 €** ~~18,95 €~~

Rücken for fit.
Das 30-Tage-Programm für einen schmerz-
freien Rücken in nur fünf Minuten pro Tag.
Inklusive Übungs-DVD.
Marcel Anders-Hoepgen
978-3-942772-53-2 **14,99 €** ~~19,99 €~~

Anti-Stress-Yoga.
Kartenbox mit 18 Rezepten und 56 Asanas.
Petra Orzech
978-3-942772-85-3 **14,99 €**

Der Glücksvertrag
Das 21-Tage-Programm. Ein glückliches
Leben in Balance dank einer Formel aus
Psychologie und fernöstlicher Heilkunst.
Inklusive DVD.
A. Mehta | G. Brüggemann **5,99 €** ~~19,99 €~~
978-3-942772-14-3

Warum Stress dick macht
… und warum wir entspannt
schneller abnehmen.
Ronald Pierre Schweppe **9,75 €** ~~12,99 €~~
978-3-942772-51-8

Der Burnout-Irrtum
Ausgebrannt durch Vitalstoffmangel –
Burnout fängt in der Körperzelle an!
Das Präventionsprogramm mit
Praxistipps und Fallbeispielen.
Uschi Eichinger | Kyra Hoffmann
978-3-95814-042-4 **19,99 €**

Yoga X-Large.
Auch Dicke können Yoga machen!
Yoga- und Bewusstheitsübungen für
Menschen mit Plus-Size-Körpern.
Birgit Feliz Carrasco
978-3-942772-77-8 **17,99 €**

Die Anti-Stress-Ernährung.
Die LOGI-Methode zur Stressbewältigung.
Mehr Power für die Körperzellen.
Uschi Eichinger | Kyra Hoffmann
978-3-95814-032-5 **19,99 €**

Schlank durch Achtsamkeit.
Durch inneres Gleichgewicht
zum Idealgewicht.
Ronald Pierre Schweppe
978-3-942772-90-7 **14,99 €**

Achtsam abnehmen.
33 Methoden für jeden Tag.
Ronald Pierre Schweppe
978-3-942772-99-0 **12,99 €**

Glückliche Kinder.
Erziehung in Liebe und Achtsamkeit.
Aus der Reihe »mitGefühl«
Ronald Pierre Schweppe
978-3-95814-000-4 **7,99 €**

Starke Partner.
Beziehung mit Liebe und Achtsamkeit.
Aus der Reihe »mitGefühl«
Aljoscha Long
978-3-95814-001-1 **7,99 €**

Dauerhaft schlank.
Ernährung mit Liebe und Achtsamkeit.
Aus der Reihe »mitGefühl«
Dr. Julia Bollwein
978-3-95814-002-8 **7,99 €**

Selbstheilung.
Gesundheit durch Liebe und Achtsamkeit.
Aus der Reihe »mitGefühl«
Fei Long
978-3-95814-003-5 **7,99 €**

---

systemed Verlag
Kastanienstraße 10
D-44534 Lünen
Telefon 02306 63934
Telefax 02306 61460
www.systemed.de
faltin@systemed.de

Impressum

© 2016 systemed Verlag, Lünen. Alle Rechte vorbehalten. Nachdruck, auch auszugsweise, sowie Verbreitung durch Film, Funk und Fernsehen, durch fotomechanische Wiedergabe, Tonträger und Datenverarbeitungssysteme jeglicher Art nur mit schriftlicher Genehmigung des Verlages.

Die Marke LOGI sowie die LOGI-Methode sind für die Systemed GmbH, 44534 Lünen, geschützt.

Redaktion:	systemed Verlag, Lünen
	systemed GmbH, Kastanienstr. 10, 44534 Lünen
Lektorat:	Susanne Bader, Weißach
Fotografie:	Studio Reiner Schmitz, München
Foodstyling:	Marcel Sumpf, München
Stockfotografie:	www.fotolia.de
Gestaltung und Satz:	A flock of sheep, Lübeck
Druck:	Longo AG, Bozen/Italien
ISBN:	978-3-95814-046-2

1. Auflage

Hinweis: Alle Informationen und Hinweise, die in diesem Buch enthalten sind, wurden vom Autoren nach bestem Wissen erarbeitet und von Ihm und dem Verlag mit größtmöglicher Sorgfalt überprüft. Unter Berücksichtigung des Produkthaftungsrechts müssen wir allerdings darauf hinweisen, dass inhaltliche Fehler und Auslassungen nicht völlig auszuschließen sind. Für etwaige fehlerhafte Angaben können die Autoren, Verlag und Verlagsmitarbeiter keinerlei Verpflichtung und Haftung übernehmen. Korrekturhinweise sind jederzeit willkommen und werden gerne berücksichtigt.